读书文丛精选

在语词的密林里

尘元

三联书店

图书在版编目（CIP）数据

在语词的密林里／尘元著. —北京：生活 · 读书 · 新知三联书店，2017.6
（读书文丛精选）
ISBN 978－7－108－05783－9

Ⅰ. ①在… Ⅱ. ①尘… Ⅲ. ①汉语－词语－研究 Ⅳ. ① H136

中国版本图书馆 CIP 数据核字（2016）第 191642 号

责任编辑 卫 纯
装帧设计 薛 宇
责任印制 宋 家
出版发行 生活 · 讀書 · 新知 三联书店
（北京市东城区美术馆东街 22 号 100010）
网 址 www.sdxjpc.com
经 销 新华书店
印 刷 北京市松源印刷有限公司
版 次 2017 年 6 月北京第 1 版
2017 年 6 月北京第 1 次印刷
开 本 880 毫米 × 1092 毫米 1/32 印张 9.25
字 数 176 千字
印 数 0,001－5,000 册
定 价 38.00 元
（印装查询：01064002715；邮购查询：01084010542）

目 录

在语词的密林里

一句不恰当的话，一个奇怪的词儿有时比十个漂亮句子使我学到的东西更多。

——狄德罗

（0）小草。在密林里漫步，每走一步都会踩到小草——一首迷人的曲调这样唱道："没有花香，没有树高，我是一棵无人知道的小草；从不寂寞，从不烦恼，你看我的伙伴遍及天涯海角。"正是"离离原上草，春风吹又生"。语词的密林里最可爱的是无人知道的，却又在顽强地生长着的小草。在语词的密林里沉思时偶有所感，便记录成为互不连贯的断章，也许这不过是些无足轻重的小草罢。

（1）甲肝。报载上海甲肝流行——甲肝，甲肝，这个语词很快便在社会生活中传开了。"甲肝"代替了"甲型肝炎"这样的病名。甲肝不是猪肝、牛肝的肝，甲肝是一种病。甲型肝炎，去了第二、第四两个字，"压缩"成甲肝。一个新语词能在很短的期间（不到一个季度）广泛出现在报刊、广播、电视和口语中，而又为人所接受，不多见。也许因为病情蔓延得快，开放型社会交际的速度也快，新词语的形成也就比之寻常快得多了。

（2）感冒丹。因为怕被流行病感染，预防药成了热门货。速效感冒丹、奇效伤风丸，市面上卖得欢。照逻辑讲，吃了感冒丹导致感冒；吞了伤风丸会引起伤风。其实不然。不能看字面。"感冒丹"跟"伤风丸"，是"压缩"了的语词，应当理解为"预防感冒丹"，"防治伤风丸"。

但是习惯成自然，人们宁可用较短的压缩词——有个数理语言学家说过，凡是最流行的语词，必定是最短的语词：也许是这样的吧。

（3）病狂。病是病，狂是狂，狂也可能是一种病，也可能不是病，只是一种癖——人们习惯使用“丧心病狂”这样的类似成语的词。这个词，《辞源》释作“丧失常心，如病疯狂”，所引书证见于《宋史》——《宋史》成书于14世纪，可以认为这个词至少经历了六个世纪的沧桑了。欧洲文字有两个接尾词（通称“后缀”），一为-phobia（恐惧病），一为-mania（狂、癖），可用以组成各种新词，如恐核病、恐水病、杀人狂、虐待狂之类。我仿洋人构词法“创造”了两个可笑的词，即

alienlexicophobia 和 alienlexicomania，译成现代汉语可作“恐洋词病”和“嗜洋词狂”。50 年代书刊唯恐见到有用洋字注释的词，人名、地名、专名都不敢或不肯注明原来的拉丁字母拼法，这是前一种病；80 年代则到处都滥加不必要的英文等义词，这是后一种狂。电视“新闻联播”，四个汉字下附汉语拼音“xinwen lianbo”，没得说；但联播中的“国际新闻”四个汉字下却赫然加上英语“world news”——破了一种病，又染了一种癖，阿弥陀佛！（注：现已消失，可喜可贺！）

（4）郭嵩焘。第一个出使英国的清外交官是很可敬的，他既不害怕洋词，亦无嗜洋词癖——只不过他大胆用汉字作为工具转写了他接触到的新人新事。据他的日记记录，他接触到后来严复译过的名著《原富》，称之为阿达格斯密斯《威罗士疴弗呢顺士》；他又接触到一些新的学科，例如珥勒客得利西地、马提麻地客斯、铿密斯得里、波丹尼、阿思得格伦罗格尔、波柏利喀赫尔斯、郭氏日记写于19世纪70年代，充满了像上面所引代表新事物的一串一串汉字——今日有心人也能“猜”到这一串汉字的含义；例如那一串中汉字即电学、数学、化学、植物学、天文学和公共卫生学。如郭公者可谓大胆“引进”的先驱了！

（5）潘光旦。利用汉字的音义结合，组成新词，“引进”新观念的先行者中，不可忘记潘光旦。他曾创始了一个自诩为“音义两合，可称奇巧”的“佳丽屁股”——希腊字 kallipygos 的译名。潘氏云“希腊关于爱神阿福罗提忒（Aphrodite）的雕像最多，流传到今日的也不少，其中有专门表示臀部之美的一尊，叫做 Aphrodite Kallipygos。Kalli 是希腊文的‘美’字，pygos 是希腊文的‘臀’字”，故取读音近似的汉字，照顾其语义译作“佳丽屁股”（见《性心理学》）。近人喜称独特的稀有物为“一绝”，“佳丽屁股”这个“术语”，当可谓“大胆的一绝”。

（6）科学的冲击。“五四”时代“引进”了一大堆音译的“社会语”（30年代日本改造社曾编印过《百科社会语辞典》），《语言与社会生活》曾用这么一堆“串”成一段可笑的文章——充满了普罗列塔利亚特、小布尔乔亚汛、意德沃罗基、印贴利更追亚、烟士披里纯、奥伏赫变、苦迭打、德谟克拉西、赛恩斯等等等等。80年代“引进”的则是一大串自然科学名词：心态倾斜、文化落差、时代同步、怪圈、深层结构、超前折映、递归意识、撞击、嬗变、激活、衍射、半衰、热寂、强相互作用、场、偏振、散射、再生制动……这是一种新的语言现象：说明科学在冲击社会生活和人的意识，可能会有一点激活作用，也可能有一点负效应，引起主轴心态倾斜……

（7）OK/km。报上有人以为电视播放国产载重车广告，客户欢呼“OK”两字不可取；作者说，连洋人的雀巢牌咖啡广告也不用西文，而用汉语“味道好极了”！对此，我不加评论，却认为在必要时、需要时说声“OK”亦无不可，正如北京街头新立的路牌上指明某路口到天安门为1km，到通县8km的“km”（公里），也是可取的。这两个拉丁字母已成为国际通用的“意符”，通俗地说已成为一种符号，而且“标准化”了，不见得“崇洋媚外”。这既非病，亦非狂，而是社会生活的需要。

（8）攻关/公关。这一对词在口语上完全分辨不开——拼法和声调都一样，但语义却大不一样，写成汉语拼音gongguan（或加注声调gōngguān）都分不开，只能依靠上下文（或称"语境"）才能确定它的语义。"攻关"指科学研究上结合许多部门许多人的力量向着大目标"进攻"，是科研用语；"公关"即"公共关系"的压缩称呼——现今的企业大抵都设"公共关系部"，即旧时代所说的"交际处"，而它又比"交际处"的含义更广泛些，更积极些。同音词（同音同调词）在现代汉语是个大问题，有人说严重，有人说不严重，有待利用计算机做量的测定后才能下断语。

（9）饭店。同一日英文《中国日报》刊登了七家企业的广告，其标题都有中英文对照，七个广告显示了三种方式：

建国饭店（Jianguo Hotel）

龙泉宾馆（Dragon Spring Hotel）

百乐酒店（The Park Hotel）

英文叫做“Hotel”这样一种东西，在现代汉语中衍化为“饭店”、“宾馆”、“酒店”——饭店不是专门吃饭的地方（也有吃饭的餐厅），酒店也不是光饮酒的地方（也有饮酒的酒吧），只有宾馆顾名思义倒是招待客人的处所——这种处所还有别名，叫“旅店”“旅馆”“客店”“客栈”，还有不少叫做“招待所”的，各有各的语感，恐怕不能用一纸命令统一，也不忙去统一。

（10）最大障碍。一位作家说：“中国文学走向世界的最大障碍还是它所使用的符号系统——方块汉字。”此说又对，又不对。世界上能读汉文的不多，而译成英文或其他外文的中国作品也不多。说这是一种障碍，对。再想深一些，怕不完全对。世界上知道易卜生的太多了，但懂得挪威文的却很少；哪一国的儿童都能神往于安徒生的童话，但未必有多少人通丹麦语。捷克有部小说《好兵帅克》，匈牙利有个诗人裴多菲，世界闻名——通捷克文和匈牙利文的怕也不多。可见也许不能把符号系统看作最大障碍。那么走向世界的最大障碍是什么呢？可能是封闭、僵化的思维。

（11）“文改万岁！” 倪海曙（1918—1988）弥留时拉着我的手轻轻地说：“文改万岁！”这是当代一个把整个生命献给语文事业的学者和活动家的信念的概括。倪海曙毕生从事拉丁化新文字、简化汉字、汉语拼音、借助拼音识字提高语文教育效率的一切活动——所有这一切，都可以概括为“文改”，即“文字改革”，改革是为了语言文字规范化，是为了适应国家现代化的需要。如果这样理解，为什么不能“万岁”呢？能。

（12）选词。 作家柯云路的新作《衰与荣》（下卷）中出现了一串串由汉字构成的词群——这些词形成了独特的语

义场。举例：“鞭炮震天响，硝烟弥漫中，锣鼓声喧天，送出（开出？冲出？驰出？吐出？钻出？挤出？）一支披红挂彩的车队……”“孟立才的奢华婚礼轰动（震动？哗动？骚动？打动？激动？）了整个县城。”有点像计算机的选词——请用者（读者）自己选。由“出”字作词根，由“动”字作词根构成了一个一个新词，这是现代构词的一种规律——逆引词同顺引词一样，都富有生命力；可喜的是现在终于出现了一部逆引词的词典了。(《汉英逆引词典》，1985）

（13）金克木。金克木《悼子冈》(《文艺报》1988.03.05）一文，感人肺腑，为近来少有的好悼文。文短而意深，子冈其人活现纸上，且旁及杨刚、高灏、肖珊这几位女性。“一个从向往革命到投身革命、对革命充满热情而理解不足的天真的女性”——文如其人而又不如其人，是这样的罢。

（14）符号。皮厄士（Pierce）给“符号”下的定义是：

> 某种对某人来说在某一方面或以某种能力代表某一事物的东西，即符号。

这个定义很拗口，有点玄——不过表达很多确定的和不确定的语义。

（15）牙具。开会通知：请自带牙具到某处报到。

“牙具”是这几年新兴的词，是不是只包括牙刷、牙膏？牙而又具，却不是刷牙的工具，有点像“伤风丸”那样的结构。

（16）打的。客从广州来，说要“打的”到颐和园去。打的——近年流行于广州的新词，意即“搭乘的士”，或“乘出租汽车”。这个词由南至北——我怀疑这是“搭”“的（士）”（即 taxi 的音译）的压缩称谓。“搭”［dā］，乘车船之谓：搭车，搭船，搭货不搭人；“搭”在粤方言读入声［dap］，但广东人按普通话念，去掉入声，作“dā”，“dā”在粤方言有同音字“打”，故转而为“打的”。语词的变异随处可见。

（17）连写。一个词（不论多少音节）都应该“挤”在一块，如“电话”（两个字的词，即两个音节）；“三角形”（三个字的词，即三个音节）；用汉语拼音来写，当然可以连起来（30年代推行“拉丁化新文字”时叫“词儿连写”；解放后推行汉语拼音方案叫“正词法”），但写汉字却没有在词与词之间留半格空位的习惯，因此准确地切分一个词，机器是不容易胜任的。近日中国社会科学院庆祝中澳合作编制的《中国语言地图集》出版的会议厅所挂横额，其英文写作：

LAUNCHINGOFLANGUAGEATLASOFCHINA

31个字母（6个词）连在一起，煞费目力，且不可解——这是写惯汉字的心态（心理状态）对写“印欧文字”的一种“折射”，人们不知不觉（下意识地）把语词、句子的所有元素都收集在一起了。不可小看这种几千年文化所形成的心态或习惯的“魅力”或“凝固力”。

（18）国库券。我们的国库券正面除了汉字“中华人民共和国国库券”之外，还附有汉语拼音，这是一个非常好的交际手段（信息传递工具），可惜把所有字母都连写起来：

ZHONGHUARENMINGONGHEGUOGUOKUQUAN

共32个字母——32个字母连写在德文中是不算一回事，德文的复合词往往是一连串，例如马恩全集用过的“杀人工厂”——Menschenabschlachfungindustrie，有30个字母。也许因为汉语拼音还不习惯，词的切分有了困难，主管语文的机关该解决这个问题吧。

（19）对称。著名的数学物理学家魏尔（H. Weyl）写了一部非常有趣的小书，叫《对称》，阐明了对称性的重要意义以及在艺术和科学上的多种应用。

汉语（例如在构词）的对称性也有重大意义，实际上有了广泛的应用。今日（1988. 03. 20）报上发表几篇十分动人的散文，随时可以摘出对称性的构词和造句：

——为死了的，永远带走了的梦。

为活着的，多年未圆的梦。

为年轻人一天要做三个梦的美梦。（黄宗英）

——且喜梦多梦酣，何计梦破梦圆。（黄宗英）

——东险西奇，北秀南绝。

它峰峦林立，怪石峥嵘。（秦牧）

——或如仙女端坐，或如巨蟒出洞；

或雄踞如兽，或笔立如旗。（秦牧）

（20）对称性。魏尔在《左右对称性》这篇论文中说，对称性这个语词有两重意义。

一重意义是指匀称，有着良好的比例、良好的平衡的那种东西；另一重意义是指协调，即表示结合成一个整体的几个部分的协调。

这不只是美学的定义，还是语言学的定义。

（21）不可译。有作家说，“美文不可译”。西方有人说，“翻译家都是叛徒”——这“叛徒”是象征的说法，其实也是说译出来的比起原著来走了样。这是绝对化的说法。信息的表达怎么会不可能呢？然而各个社会集团的感情（社会感情）是不一样的，要传递这样的感情当然是难的，但也不一定是绝对不可能。

（22）“官场用语”。日本《朝日新闻》（1988. 03. 03）说，有议员要求政府官员答辩时不要使用“难懂的用语”，

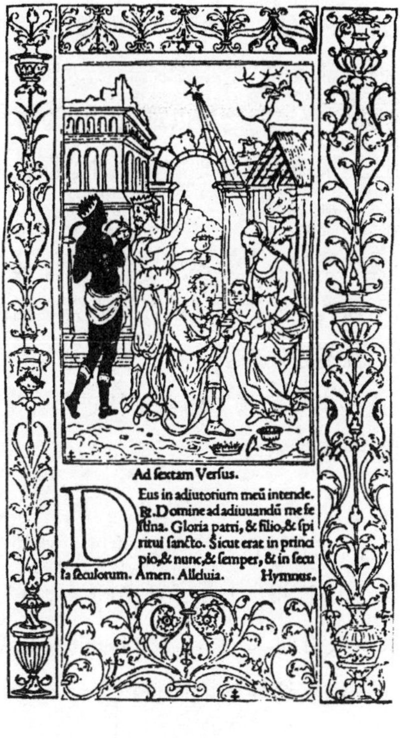

例如答辩时说“表示遗憾”，可能“表示完全否定，半否定，或肯定”。这位议员说，“官场语言难懂的原因”在于“日语某些词汇的暧昧性”。不，我看不是语言本身造成的，是“官场”的现实导致了使用“euphemism”（委婉语言）——我们熟知的“官场用语”如“考虑考虑”“研究研究”，不是很说明问题吗？

（23）“简明英语”。无独有偶，英国《每日电讯报》（1988. 03. 10）也说，英国内阁也要求公务员使用公众“能够理解的英语书写、说话和思考问题”。撒切尔夫人也呼吁放弃这种“难懂的”“公文语言”。天呀，不能完全归罪于语言。“公文语言”之所以难懂，因为有权者正利用这种“模糊性”来随心所欲地解释一种意图，或逃避一种直言所引起的后果。

让“不受欢迎的人”在限期内离开——这个语词说穿了其实是抓不到真凭实据或无法抓到真凭实据的“间谍”，可一说穿了，就不好处理了。

所以，这一类“官场”用语是特定社会生活的反映，不能完全归罪于语言本身。

（24）手包。“有一次在巴黎地铁里，她的手包及文件被抢走”。（《人民日报》1988. 04. 01）“地铁”即“地下铁道”，北京新兴语词。“手包”为handbag的意译，旧称“手提包”。“手包”这样的语词将悄悄导入社会生活，因为它简明，如同“地铁”一样。

（25）编辑/编辑家。人说：“报上报道圣陶老人逝世的消息时，尊他为‘我国著名的作家、教育家、出版家和社会活动家’，这都符合事实。但为什么不首先称他为我国杰出的编辑家呢？圣陶老人九天之上对离世时未曾听到‘编辑家’这一他最喜欢的称呼，恐怕也不无遗憾……”（《新闻出版报》1988. 03. 19）

圣陶老人何时“最喜欢”称他为“编辑家”呢？

他1982年元旦撰文说：

如果有人问我的职业，我就告诉他，我当过教员，又当过编辑，当编辑的年月比当教员多得多。

圣陶老人自称为“编辑”，而不是“编辑家”。

编辑是一种人，同时又是一种工作。编辑既是人，则不必加“家”。

作家、画家、作曲家、文学家、科学家——称“家”。

司机、教师、出纳——不称“家”。

（26）雨衣/风衣。用咔叽布制成的外衣，50年代以前称为“雨衣”；80年代的现在，同样的“穿着物”则称为“风衣”。美国人喜欢穿“风衣”，中国人此刻也喜欢穿“风衣”。雨衣用来防雨，风衣则既防雨又防风——

雨衣的用途小于风衣，因此现在无论下雨与否都可穿这种“穿着物”，因为下雨防雨，不下雨防风，无风无雨穿着也不犯禁。70年代一度被称为“风雨衣”，现在“风雨衣”一词已不多见。是生意经——文绉绉的说法为市场——创造了新语词，还是新语词创造了市场？或者互相“促进”？

（27）联想。某市开辟一个居民小区，建有离休干部的“干休所”。这个城市的路名大抵取地名作路名，如青岛路、大连路、银川路等，而这个新区则碰巧取名“上饶路”。老干部离休后住在这里，客问：住在何处？答：“上饶集中营”，说者听者都苦笑一声。

由上饶路联想到上饶集中营，只有在老一辈革命者心中才会发生，因为他们经历了（不管是否亲身经历）“皖南事变”，所以一听见“上饶”便不能不联想到集中营。

在现实生活中，人们宁愿避开这种能引起痛苦联想的语言（文字），这是不难理解的。上面提到的路，何必一定用“上饶”“渣滓洞”这一类语词命名呢？

（28）运作。近年“运作”一词在海外及中国香港地区流行，其意即“运转”或“活动”——例如《中报》（美洲）说：“中国的民主前路漫漫，从这次选举可以看出，中国的‘议会’运作，距离合理性仍远。”（1988. 04. 16）“运作”能导入这里的现代汉语么？等着瞧。

（29）麦淇淋 / 人造黄油。《赫鲁晓夫回忆录》中一个句子有两种译法：

斯大林常称毛泽东是麦淇淋式的马克思主义者。（《报刊文摘》1988. 04. 19）

在斯大林看来，毛泽东是个人造黄油式的马克思主

义者。(《文摘报》1988. 04. 24)

“人造黄油”，上海从前叫“马其林”，上引“麦淇淋”(采“冰淇淋”中的两字)是新出现的译法——源出margarine，随意弃掉传统译法而采取新译法，不可取。

(30)妈的奶最香。采用汉字音意兼顾的办法制定术语，有时颇有滑稽感。如“现代化”(modernization)海外有人戏译作“妈的奶最香”，令人发笑。“意识形态”(ideology)有作“意底牢结”，“神话”(myth)有作“迷思”，利用汉字所蕴藏的多义信息，诱导接收信息者做种种遐想、联想或不着边际的猜想。这种方法，多数行不通，推不广，但不排除有那么几个会被公众接受的。

(31)公开性/透明度。苏联近一年多频繁使用了一个过去不那么惹人注意的词：“公开性”(俄文是гласность，英文转写为glasnost)。我国在“十三大”前后也频繁出现一个词，即“透明度”。无独有偶。粗浅的比拟，也许可以认为：公开性和透明度虽不是等义词，但至少是近义词。

性和度这两个附加成分，近年来有所发展；最常见的如：可读性、知名度。

(32)器泳/蹼泳。游泳术语进入日常用语，新近见报的有“器泳”：“郑世玉在女子100米器泳预赛中，以

39秒25的成绩超过了她本人保持的39秒55的世界纪录。”（1988.05.10）

“39秒25”和“39秒55”的写法别扭。同一新闻称：“郑世玉后几天将参加蹼泳和屏气潜泳比赛”。

（33）催化。“沿海发展战略催化人才资源开发。”（1988.05.10）催化由催化剂转成——催化剂（catalyst）本为化学术语，用催化剂促进反应；石油化工有“催化裂化”（catalyticcracking）一词。科学术语进入日常语汇，在80年代特别明显。《文艺报》（1988.03.26）文章中有：

> 现在这些作品里，“意识”似乎不见了，代之而来的是生存本身的硬度，是生活自身的“原色魄力”……
>
> ……主要还是为了写出民族某种性格的生命的存在形式，即把各种层面的因素全部挤压到生命的形式中，写生命的躁动，生命的扭曲，生命的萎谢的悲剧性存在过程，从而激起重塑民族灵魂的愿望。

这段文章颇难“透切”理解，比方说，什么是“生命的躁动”呢？

（34）安乐死。时下颇有争议的是“安乐死”——有人认为“安乐死”是为谋杀张开了保护伞，有人则认为“安乐死”给无望而痛苦的病人、病人家属以及社会带来了方便。安乐死一词译自 euthanasia，大抵欧美现代文字都源出这样的组合。eu- 源出希腊文，意即“好”，引申义为“安乐”；thanasia 源出希腊文 thanatos，意即“死”。一部词典称之为“（为结束不治之症患者的痛苦而施行的）无痛苦致死术”，看来这个定义比较完善。这个字和“优生”相对，可戏译为“优死”乎？

（35）从左向右。台湾作家柏杨先生十年前曾写过一篇杂文，标题为《珍惜中国文化》，副题为：

中文横写，天经地义的应从左向右

他说，不但横写应从左向右，就是直写，也应从左向右，柏杨先生坚持此说有一条很令人信服的理由：“中国文字在构造上，全都从左向右，所以再僵硬的朋友，写字时都得从左向右。”

对极了。比如汉字的“汉”——无论繁体字“漢”还是简化字“汉”，都先写“氵”后写“萁”或“又”，偌大一个中国，还不曾见过（也不曾听说过）有人先写右边，再写左边。不信，请你试试写几个汉字——从上向下者有之，从左向右者比比皆是，未有从右向左的汉字。

（36）提倡简体字坐牢。还是上面提到的柏杨先生那篇文章中说：

谈到文字改革与简化，事体重大，柏杨先生曾为提倡简体字坐牢。

他又说：

任何时代都有反对进步的顽固分子，生在清王朝末年，他们就反对革命，反对共和，反对剪辫子，反对放足。生在中华民国初年，他们就反对白话文，反对标点

符号。生在现代，他们就反对文字简化，反对从左向右。（见《柏杨专栏》第二辑，台湾星光出版社，第 180 页。）

（37）投机取巧。有人说，成语词典把“投机取巧”这个成语列为贬义词不对——理由是我们的祖先创造“投机”“取巧”两个词组（应为“词”）时并非贬义，其实这表示“注意时机”，“采用巧妙方法”云云。祖先创造时如何，我不曾考证过；但多少年来人们用这四个字表达了社会上的一种不正之风，并非词典把它归入“贬义范围”，而是词典记录了这四个字在语言活动中所传递的贬义信息。况且“投机”不等于“注意时机”；“取巧”也不等于“采用巧妙方法”。约定俗成在词汇的形成和发展上确实起作用，有时甚至是决定性作用，这属于语言要素变异的研究范围。

（38）衣服上印外国字。报上（1988. 06. 10）有文说，这些年以在 T 恤上印外国字为时髦。作者说在美国某地看见洋人穿的 T 恤前后各印三个大汉字：“盖了帽”“没治了”——都是北京方言。我前年在巴黎街上看见一位外国小姐穿的外衣上印了汉字，是“散文选”。据闻广州有少女穿的 T 恤上印有英文“kiss me”（吻我）字样，招来别人前去接吻的意图云云。

一般地说，衫上印的字只能是一种图案，传递一种美感信息，而不传递语义信息，所以穿衣者只须看这个字体美不美，合意不合意，根本不必理会这是什么文字，更不必问它的语义。

但后一例却又说明在某种场合被当作装饰品的文字符号传递了语义信息，甚至惹来麻烦。

（39）T恤。源出英语T-shirt（或写作tee shirt），是一种男人穿的短袖衬衣（女人穿的衬衣有时也用这个词），有趣的是，T象形：上面一横表两边短袖，下面一竖表衬衣身。“恤”，shirt的音译（广州方言），流行于广东不下百年了——有时称“恤衫”。“恤”（音译）加上“衫”（语义，表所属类别），正如“啤”（音译）加上“酒”（类别语义），成为现代汉语接受外来语的一种特征。

（40）意识。用“意识”来构词是近一两年来出现的新的语言现象。我前年（1986）12月收集了16个，去年（1987）3月共得24个，近来增加了多少，没有准确的统计。看到这样的句子：

中国知识分子严重的忧患意识，掩盖了自己的主体意识和独立意识。

然乎？否乎？这里不想评论。什么是“忧患意识”呢？文中解释说：

——从孔夫子开始，知识分子就把“国家兴亡”看得很重要，到宋代范仲淹提出“先天下之忧而忧，后天下之乐而乐”，忧患意识已得到“辉煌表现”。

忧患意识就是通常说的“忧国忧民”。什么是“主体意识”和“独立意识”呢？文中说：

——知识分子从未形成独立群体，自己不能主宰自己的命运。知识分子不是一个独立阶层，是附在皮上的一根毛，这个观点现在应受到挑战。知识分子除有知识外，必须是有独立功能的人，由于理论上的曲解，导致知识分子的自我意识薄弱，只追求人格上的完美，而不善于处理个人与周围环境的关系，因而没有西方知识分子那种“超越”能力。

主体意识、独立意识、自我意识，以及独立功能、超越能力——有点像朦胧诗似的，玄之又玄，我这个知识分子恐怕也因为自我意识不够，说不出其中的主体意识，自惭形秽，有点自卑意识。

（41）略语。略语就是把一个词组压缩成非常简略的符号——这在拼音文字中，只须将每个词第一个字母抽出来写在一起即成，如 NATO（北大西洋公约）、CCCP 或 USSR（苏联，前者为俄文缩写，后者为英文缩写）、USA（美国）；非拼音文字压缩的方法却不是这样，也许更复杂些。

科技上的术语或词组用略语表达的比比皆是，比方北京正在建造的 BEPC（正负电子对撞机）和报刊上常常提到的 MIRV（多弹头分导重返大气层运载工具），汉语还没有创造出恰当的略语来。

（42）去往。你听过火车上指导旅客换车的广播吗？“有去往郑州方面的旅客，请换乘第 ××× 次快车；有去往沈阳方面的旅客，请换乘第 ××× 次特快……”用现代口语不常用而过去曾经用过的“去+往”这种结构，是一种很有趣味的用法。“去郑州……”“往郑州……”是一个意思，“往郑州去……”“去往郑州……”有近似的语义。双音节的去往比之单音节的去或往，更能促使听者注意下面的地名。

（43）旷日持久。日本卡西欧计算机株式会社在《文汇报》（1988.06.13）登的广告，有——

> 袖珍多功能日记簿
> 用途多种多样、旷日持久
> 快速调用、安全保密

我手头就有这样一个电子日记簿，怎么成了“旷日持久”呢？原来是误解了这个词组了。“旷日持久”是个带有贬义的词组，《现代汉语词典》释作：“多费时日”，“拖得很久”。故《汉英词典》给出的英语等义词为 prolonged, protracted。这里应当是“经久耐用”而不是“旷日持久”。各种语言都有自己习惯的褒义词和贬义词，不能按使用者主观意志改变的。

（44）急症室/急诊室。中央电视台播放的电视剧《警花出更》，有“急症室”字样，“急症”，港粤通用的词汇，北方话区称“急诊”。“出更”，现在通用的港语（粤语过去有过这样的词汇），略近于值班巡查，值勤巡逻之意。Roy T. Cowles 那部大部头的粤语词典没有收。近来电视和报刊常常出现一些从南方（尤其港澳）传入的语词：开放的社会理应如此。

（45）米高峰。“不知是什么东西刺激了一位华人，他向主持人要了米高峰，向华作家发炮……”（香港《大公报》1988. 06. 23）。

一个新的译名：米高峰，即 megaphone，或 microphone，这里都叫“话筒”。抢米高峰，即抢话筒。

（46）国骂与诗。中国作家代表团在巴黎庞比杜文化中心与法国公众见面。据报道（香港《大公报》1988. 06. 23），一位作家——

他说在出国前，他曾到长城去游览，爬到长城墙头上，俯瞰下来，心里倒想该写首诗，没想到诗写不成，只想到那么一句话：

长城啊，真他妈的长……

“国骂”出现在巴黎“文化中心”。西方有个词叫“反文化”（anticulture），不知这是文化或者是反文化，不明白。

（47）不诗。赵元任的名译《阿丽思漫游奇境记》是一部研究现代汉语语言学的必读书。书译于 1921 年，初

版于1922年，距今已超过半个世纪了，但现在读来还是一种道地的现代汉语，读来仍发现不少新意，例如：

> 但是有时候译得太准了就会把似通的不通变成不通的不通。或是把双关的笑话变成不相干的不笑话，或是把押韵的诗变成不押韵的不诗，或是把一句成语变成不成语……（见《凡例》）

请注意："不笑话"、"不诗"、"不成语"。——不愧语言学大师：这是语言游戏式的构词。

（48）美国加州—蒙古烤肉。北京有个大饭馆，门前竖起霓虹灯招牌：

美国加州 **蒙古烤肉**

百思不得其解。蒙古烤肉怎么能搭上美国加州呢？比方"北京烤鸭"是北京特产，能否这样写：

美国纽约州 **北京烤鸭**

年轻时听人说笑话月亮也是外国的圆，到现在才知道蒙古烤肉是美国加州烤的香——可惜的是，我到"美国加州"

不下七八回，却未闻到蒙古烤肉味。（注：这家饭馆的霓虹灯现在作“加州烤肉”，香极了。）

（49）投诉。“投诉”一词由南而北，流行开了。规范性的辞书和一些方言辞书多未收此词（我说未收，不说不收，其用意表明辞书收词的速度常常赶不上语词在社会生活中传播的速度）。英汉辞书 complain 一语有诉苦、抱怨、控诉等释义，也未收“投诉”一义。

语汇是语言中最活跃的成分，也是最敏感的成分，同时是变化得最快的成分。

Roy T. Cowles 的《广州口语词典》（*The Cantonese Speaker's Dictionary*）第 1045 页有“投诉”一词：

t'aū –sò＝to lodge a complain（即向政府有关部门提出申诉之意）。

（50）令誉。作家刘心武在一篇文章中把“令誉”一词解释为“您的名誉”，引来了热心人士十多封指正信。“令”作“善”“美”解，也许由这里派生出“令亲”“令郎”的“令”来（《辞海》第 312 页有这么一点“因用为敬语”之意）。刘心武引用并赞同王蒙的倡议：作家要学者化。“学者化”，难；“勤查查《辞源》等工具书”（刘心武语），却是易于做到的。

一般洋人家里必备两书，一是词典，一是地图，这叫做需要，也叫做文明。难道不是么？

（51）《明天发生了战争》。有名的电影片《这里的黎明静悄悄》原作作者，写了另一部小说，去年（1987）拍成电影，也是写战争插曲的，受到观众热烈的欢迎。这部小说的名字也一样的特别，《明天发生了战争》，描写未来的动词却用了过去式——二次大战前夜苏联一首流行歌的名字《假如明天战争》，这部小说有意仿照这首歌取名。未来——过去，过去——未来。艺术的含蓄性和艺术的深意，尽在修辞中。

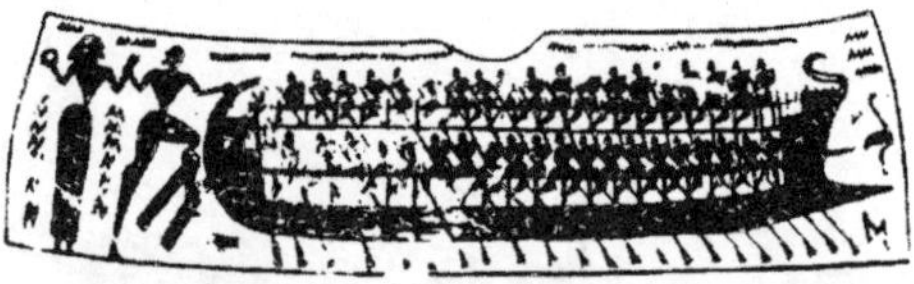

（52）邓颖超。邓大姐为蔡楚生二十周年祭题词：

> 蔡楚生先生是
> 中国进步电
> 影的先驱者！
>
> 邓颖超 1988 年

全是规范化的简化字。这是中央领导同志题词用规范化汉字的一例；希望在实际生活中它不是唯一的一例。

（53）文传机。telex 一词初到中国，有人误译为“电报挂号”，后来才知道这玩意儿不是电报挂号，而是一种自动收发报机，此时——只有此时，即了解了新概念代表了什么新事物时，才确切地解释为“用户直通电报”，简称“电传”。《参考消息》（1988. 07. 06）介绍新兴起的 fax 时，译为“文传机”——这是跟打字机大小差不多，利用普通电话线把手写的或打字的文件传遍世界的新事物。“文传”——妙哉，不是话传、码传，而是文传，俗称“传真”者是。报纸广告（《人民日报》第八版，1988. 07. 07）却用另一种称呼：

> 日本电气 NEC
> NEFAX-10　　图文传真机

这里“传真机”加上“图文”两字，表达这个“机”的作用。

(54)麻疯? 报纸标题:“是麻风不是‘麻疯’”(《北京日报》1988.07.07),文曰:

影片《红高粱》荣获第三十八届西柏林国际电影节“金熊奖”后,报刊上发表了不少评介文章。影片的主人公“我奶奶”先嫁的李大头是个麻风病人。某些文章把“麻风”写成“麻疯”,是不对的。

按传统医学,“风”是“六淫”(风、空、暑、湿、燥、火)之一,外感疾病。“疯”在现代医学中是另外一种症状。风≠疯。

(55)诗的翻译。译诗,难事。译得太“直”了——等于帮读者查字典;太着重“意”——又常常走样。《阿丽思漫游奇境记》最后一首诗的最后两段共六句,语言学家赵元任译得既有诗味,又有诗情,瞧——

本来都是梦里游，
梦里开心梦里愁，
梦里岁月梦里流。

顺着流水跟着过——
恋着斜阳看着落——
人生如梦真不错。

好一个“梦里开心梦里愁”，好一个“梦里岁月梦里流”。译成七言，却又不拘于旧格律；押了韵，却又不显得勉强。请看原诗：

In a Wonderland they lie,
Dreaming as the days go by,
Dreaming as the summers die;

Ever drifting down the stream—
Lingering in the golden gleam—
Life, what is it but a dream ?

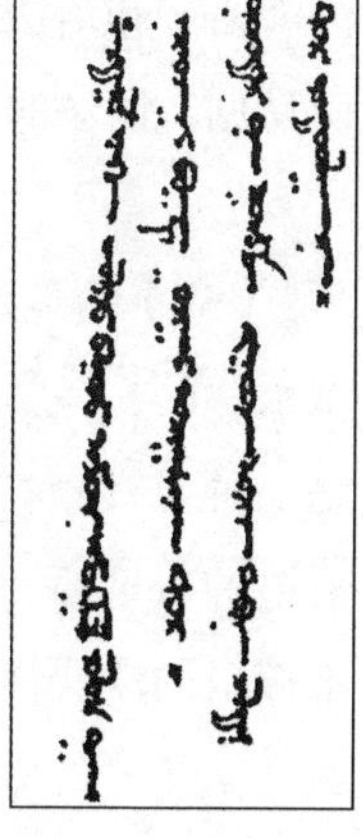

如果照原文逐字逐字“直”译，诗味没有了，意境也没有了。那时，真如西谚所谓：a translator is a traitor（翻译者是个叛徒）。

（56）……在了。《参考资料》（1988. 07. 10）的一篇论文有这样的句子：

航天计划每天追逐的目标在星际，把和平摆在了首要地位。……

“摆在了”，这是近几年出现的一种结构：“（动词）在了”＝“（动词）在”。上句在我们老一代人写出来时是这样子的：

航天计划每天追逐的目标在星际，把和平摆在首要地位。……

语言要素的变化，有时并非等待社会生活的变化而变化——这是说，即使社会生活没有发生显著变动时，语汇、语音和语法都可能悄悄地起变化。语汇的变化比较显而易见，语法的变化却少些。

（57）西瓜水。在抗战中的重庆，小吃店有出售“西瓜水”的，一尝，完全不是把西瓜压榨出来的水，而不过是一种果汁：在重庆时是橘子汁。“西瓜水”是译音，即英语的 squash——在英国英语里，这个词的一个语义为浆果榨出的软饮料。“西瓜水”这个词现在消失了。

（58）地名学。新近成立了地名学研究会。地名学是一门综合的学问，也许可以说是多科交叉性的学问。地名学是地理学的分支，实用的分支；地名学同时也是应用语言学的分支。地名学至少牵涉到地理学、社会学、语言学、历史学、民俗学、民族学等等学科。西方有一个字叫做 onomastics，译为“命名学”，是研究人名地名的来源的学问。还有一个字叫做 toponymy，也许就是“地名学”。

地名是很有意义的，研究地名是一门饶有兴味的学问。比方“羊城”（广州关于五羊的传说）、“哈尔滨”（一说由满语转化而来，意为一座扁岛）。

美国有三个地名显示了三种语源——同时也说明了这

三个地方的早期社会史：

New York（纽约）——在英国旧地名“约克（郡）”（York）之前加上一个“新”（New）字，表明这是初来美洲的英国人用他们熟习的地名称呼这个新地方。

Los Angeles（洛杉矶）——西班牙文“天使们”之意，表明西班牙人进入中美洲后来到这个地方，以西班牙语命名。

Chicago（芝加哥）——这里的chi-不念“芝”，念shi-（希），源出印第安语，是某一种植物（也许是此地的特产），可见此地原来是印第安人聚居之处。

研究地名，往往如读一部社会史或民族史。

（59）“西西”。“演员一曲终了，手握话筒，款步弯腰，道一声‘西西’，‘请多关交’，或者添一句：‘但愿你死欢’。”（《人民日报·海外版》1988. 07. 07.）“西西”即“谢谢”的讹音，“关交”即“关照”，“死欢”意为“喜欢”。——评者谓：说这是粤语，粤人恶心；说它为闽语，闽人未必高兴；“四不像”，却充满“港味”。粤方言区讲普通话发音不纯，声调不正，情有可原——问题出在全国性表演中出现这种不必要的讹音，完全可称之为某种程度的语言“污染”。

（60）乌尔都语/英语？巴基斯坦是多民族国家，24种民族语中的乌尔都语（Urdu）在全国应用最广，但因为英国百年统治，英语在大中城市相当普及。巴基斯坦在1973年宪法中规定：

巴基斯坦的国语是乌尔都语，自宪法生效之日起十五年内（即1988年4月12日之前）为其作为官方语言做出安排。在乌尔都语取代英语之前，英语作为官方语言。

所以在1988年5月前后，全国上下对这个问题争论激烈。语言问题的“热点”今年移到巴基斯坦——前几年热点先后在比利时、加拿大。

反对以乌尔都语为官方语言的理由是：

1）认为乌尔都语科技词汇贫乏，采用乌尔都语，摈弃英语将降低教育水平和科技水平；

2）认为除乌尔都语以外的其他一些民族语也应当享有同等的“国语”地位；

3）认为乌尔都语“落后”，不利于国家的发展。

在多民族多语言社会，即使规定其中流行最广的一种为“国语”，也会导致激烈的语言冲突。

可见对待语言问题——其中包括对待文字问题，包括对待方言土语问题，政策性是多么强。

（61）“四大”。近年流行的“严肃文学”《血色黄昏》这部小说中描写十年灾难中的一个社会现象：

一米六几的大姑娘像小兔子一样，什么也不知道。问她我国四大发明是什么？回答：大鸣，大放，大字报，大辩论。（第436页）

也许这个“故事”只是作者的艺术夸张，可是回头一望，那些岁月除了被从宪法取消了的那“四大”之外，还指望青年人会得到什么信息呢？没有知识导致愚昧，愚昧导致盲从，其结果是一切都化为乌有了。正所谓：“往事如烟”——人间万物化为一缕青烟，呜呼！

（62）无人性。还是那本写知青在兵团中的悲欢离合的小说《血色黄昏》，真实地描绘了作为最最最革命的红卫兵主人公（据说即《青春之歌》作者的儿子）回忆往事所写下的无人性片段：

用打击妈妈来表现自己革命，用打击妈妈来开辟自己的功名道路，用打击妈妈来满足自己对残酷无情的追求。我不知道一只小狼会不会在它妈妈正被猎人追捕时，从背后咬它一口，可我却利用文化大革命之机，狠狠地捅了自己母亲一刀——不管她有时怎么抠门儿，脾气怎么坏，终归是把自己哺育大了的母亲！

从无人性到兽性，从兽性到超兽性，这一段自白写得淋漓尽致。

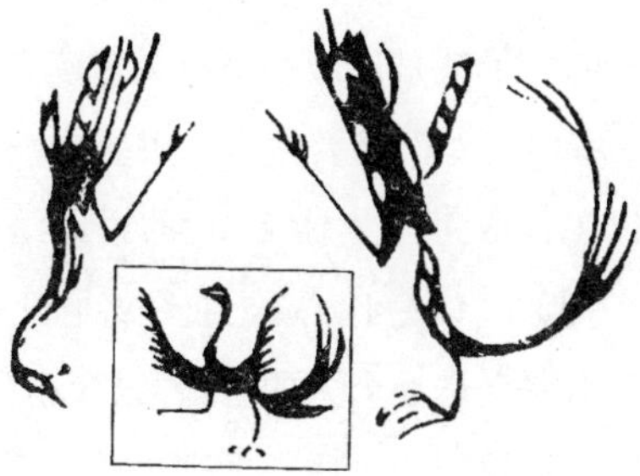

（63）三人成众。三个相同的汉字（或者汉字的三个相同的“部件”），组成一个新的汉字，这新的汉字往往是那三个组成部件的总和或超总和。三人成众——众是简化字，却是合规律的，众＝人＋人＋人。或者：众＝∑人（人的集合体），集合体比三个成分之和要大得多。

三口成品，三木成森，三日成晶，三火成焱，三耳成聶，三水成淼，三金成鑫，三女成姦，三直成矗。三手为掱，即扒手也。

或以此为例，证明汉字蕴藏的信息量大，不一定。

（64）“以文养文”。报载作家王蒙部长说：“以文养文。”我没有机会听释义，如果是想办法创收来改善自己的处境的意思，则这两个“文”字词义不一样，第一个文指能取得适当收入的活动，第二个文则指难于取得收入的活动。仿“以文养文”例，出版界曾创过一个词组——“以书养书”，说穿了就是出版一些有众多读者能赚钱的书来支持另外一些内容专门且要亏本的书。

这种“以（什么）干（什么）”的语词结构，在汉语里屡见不鲜。例如“以心比心”（或“将心比心”）。两个都是心，但又不完全是一个人的心；“以牙还牙”，两个都是牙，但前一牙是我的牙，后一牙则是敌人的牙。还有常见的“以毒攻毒”——两毒都毒，但属于不同主子的毒。前清时提倡“以夷制夷”，即利用这一部分“夷”人（洋人），来整治另一部分“夷”人，而那时的帝国主义分子却反其道而行之，“以华制华”——末一个“华”字是中国人，头一个“华”字是汉奸，或者走狗，不是人。

（65）言语 / 语言。语言学专著把“言语”和“语言”

分开，来表述瑞士语言学家索绪尔（Saussure）的两个术语，即langue（语言）和parole（言语）。索绪尔说，“语言就是言语活动减去言语”，又说“语言”和“言语”是“言语活动”所代表的整个现象中的两个因素。我怀疑这两个颠倒了汉字所能表达的区分，有更好的译法么？——日本一个著名杂志《言语》，研究的就是语言＋言语。

（66）齐飞/一色。7世纪的王勃给我们留下了千古名句：

落霞与孤鹜齐飞，秋水共长天一色。

好一个“齐飞”对“一色”！十三个世纪后，仿古作如下两句打油诗：

标题与广告齐飞，汉字共英文一色。

谓余不信，请看某报——

“足球天地”是报上的一栏，“goldlion”与“金利来”是一种洋商品或土洋结合商品的商标，真可谓得商品经济新秩序风气之先者也！

(67)“大”字风。《释“大”》一文（收在《辞书和信息》一书中），阐明了现代汉语的某些规律性东西。作者曾喟然而叹曰：

“大跃进”是特定地点（社会主义中国）在特定时间（1958年）一种特定思潮（夸大了主观意志和主观努力的作用那种思潮）指导下发生的一种“左”倾政治运动。（第39页）

作者认为：“只作字面上的简单解释，根本不能表达这个词的语义。”

时文（《文汇读书周报》1988.07.02）提醒：近来作品题名刮起一股趋“大”风。继《唐山大地震》后出现了可观的“大”书名：

《中国大趋势》
《阴阳大裂变》
《世界大串联》
《人工大流产》
《鸳鸯大逃亡》

时文作者（贺锡翔）以为《南京大屠杀》的“大”字用得对，用得严肃；而《人工大流产》的“大”字却有点不伦不类。

凡是词语形成一股“风”的，都会产生“负效应”，难道不是么？

（68）乐仔。合众国际社报道（1988.07.07 英文电）云：

已有五千年历史的中国语言又出现了一个新词“乐仔”，该词是靠近香港的城市广州的一个专有名词。

乐仔＝同性恋者——连这家外国通讯社也不得不惊叹

"这一短语表明广州出现了一种令人吃惊的时髦"。

同性恋的事实出现在中国的历史上不算短，但像西方那样公然以同性恋者姿态暴露在公众面前，是新近才发生的。开放带来了一些预想不到（其实也预想得到）的消极因素，无须吃惊。

正如西方出现 homosexuality（同性恋）时"制造"了一个新词 gay 来称呼这些"分子"，此刻在我们这块黄土地出现同一类社会现象时，不知何人也"制造"了这么一个新词："乐仔"。

gay 不见于正经的英语词典；"乐仔"也未入典，是不是从香港华语"引进"的呢？

（69）〇（零）。从前"崇洋"者说，月亮是外国的圆；如今，任何人都有权利说，"零"却是中国的圆。

"零"用现代汉语表达为圆圆的〇，同阿拉伯乃至西方的表现符号即椭圆 0 不一样。

〇已制成字模，而且各种字体各种尺寸的字模，进入《现代汉语词典》，但很多"典"未收。

"到二〇〇〇年如何如何"——照现在公布的数字写法应作"到 2000 年"，没有那个圆圆的圈；"一九三〇年春上海"写作"1930 年春上海"，也失去了那圆圈。不过正式文件上写年月日时仍用汉字，一用汉字，则这个圆圈就不可少了。

博士（＝博学之士）于光远（不是于光远博士；"博

士”在人名前或后，释义不同，“博士”在人名之后是一种学衔，现又改为职称；“博士”在人名前意为“博学之士”或“博识之士”，可见汉语字序的重要！）近来呼吁常用汉字和通用汉字都应该加一个圆圆的〇＝零，恰当之至。

（70）后门。1988年7月31日，王府井某大企业星期日例行休息，门前挂一大牌子，上面写道：

有事请走后门

妙哉！“有事请走后门！”前门休息了，“有事”只好请走后门——后面的门。“前门”走不通了，也只能“走后门”。后门，走后门，请走后门，只好走后门，只能走后门。妙哉！妙哉！

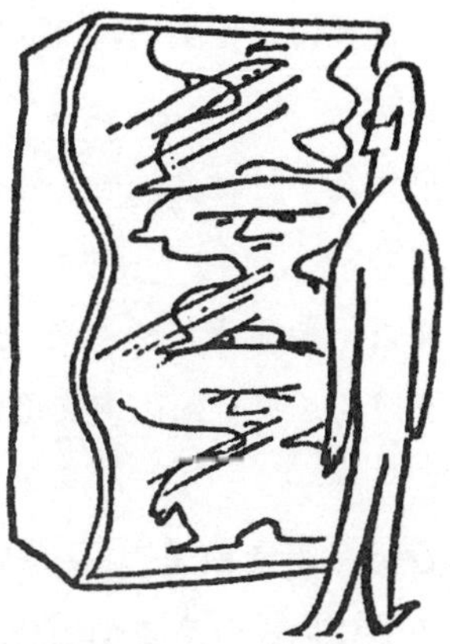

（71）公关小姐。广州及其周围，对女服务员大都称“小姐”——这是近几年称谓的变化，由“同志”变为“小姐”，恰如几十年前由“小姐”变为“同志”。报上标题：《穿军装的公关小姐》(《人民日报》1988. 07. 31)。这篇报道文章出现了这样一大串由“公关”组成的词语：公关小姐——公关舞台——公关部——公关协会——公关理论——公关活动。文中说，“公关小姐”的使命：“沟通和外界的联系，宣传企业的形象，协调企业的内部关系，推销企业的产品，维持企业的生存”——任务大矣哉！前四句也许恰当，最后一句未免有点艺术夸张。凡正派的企业赖以生存的是自己的产品和企业的作风，而不能只靠“公关”维持罢？

（72）文盲。消息说，拉美国家现有4500万文盲，40%在巴西。(注意：巴西人口多，不是文盲率特别高。)联合国教科文组织官员说，拉美国家文盲多主要是由于大批小学生辍学引起的。

小学生不读书，是一种社会病——难道这不引起我们警惕吗?

列宁说过，文盲不能建成共产主义。何止如此？文盲是什么主义也建不成的，只有殖民主义可以容忍文盲。

（73）“只卖香烟，不卖口号”。一家周刊（台湾《新新闻》1988. 06. 12）载称：台湾省烟酒公卖局“局长”郑世津要求以后在各机场免税店所贩卖的香烟，外包装将不再印刷“三民主义统一中国”字样，据说是为了“返乡客”探亲便利。这家周刊还说，国民党一直使用标语、口号来宣传政策，每个口号都代表了某一阶段的某一政策，上面这个印在香烟盒上的口号，是其中最没有“攻击性”的一个云云。这位“局长”说，“只卖香烟，不卖口号”。

如果把这位“局长”所说的各个时期的香烟盒子搜集齐全，倒也不失为从语言研究社会进展的最好材料。

原来在海峡两边都盛行口号：不能不说这是几千年封闭社会“语言拜物教”所导致的特殊语言现象。

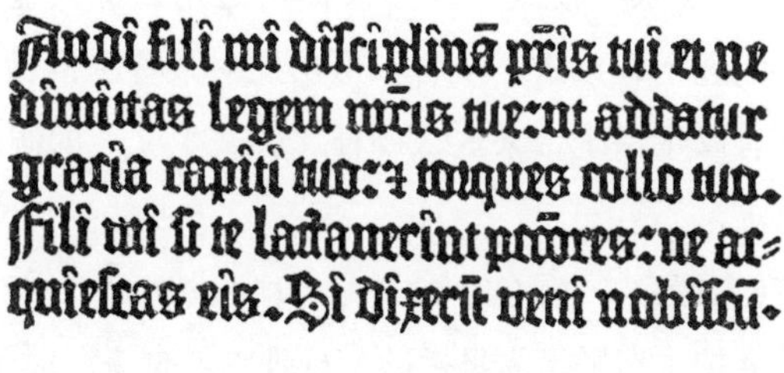
Audi fili mi disciplinā pris tui et ne dimittas legem mris tue: ut addatur gracia capiti tuo: ⁊ torques collo tuo. Fili mi si te lactaverint pccores: ne acquiescas eis. Si dixerit veni nobiscū.

（74）迷你。港台译 mini（微型）为“迷你”，已有十几年的语史，传入国内，有人将原来的“超短裙”改为“迷你裙”；一时走运，一时不兴，近来又来“迷”你了。《中外产品报》称，去年欧洲女性掀起“迷你裙热”，但美国职业妇女却不大欢迎“迷你裙”云云。

裙而迷你，一个常用的语词顿产生想入非非的联想，故不可取——牛津出版的“微型字典”（minidictionary）实在迷不了你，也迷不了我。

引进须优选：别害怕引进有用的、合用的、确切的新语词，可是有必要拒绝一些不确切或产生歧义和联想的语词——汉字组词力特强，联想义也特强，不可不注意。

（75）模式。近来有人认为，理论家笔下的“模式”均是“mú式”，而非“mó式”——“模”有两音，mó和mú；一般字典的“模式”、“模型”，均读mó；只有“模板”、“模具”、“模样”读作mú。模（mó）式不读模（mú）式，这是语言习惯。即读之为“mó式”，亦解作“mó式”。探求“模式”是否供模仿之用，抑只能参照、比照，问题不在读音；从音、形出发对某些术语做诠释，恐怕只有汉字系统带来这么一种“望文生义”的倾向。

（76）绿色。“绿色革命”是60年代突起以反对环境污染、维护生态平衡为目标的一种理想。据说，时下西方有“绿党”，志在摆脱左的与右的思维方式的政治组织。绿色——历来是和平、中立的颜色；101年前，波兰医生柴门霍夫创始世界语（Esperanto）时，即以绿旗、绿星为其标志。现代汉语有“绿帽”、“绿头巾”之说——即欧洲所谓“头上长了角”的那种“人际”状态。

（77）顺口溜。群众的语言常常不仅生动，而且显得富有魅力。报载（《人民日报》1988.08.02）一首顺口溜：

穿着料子，
挺着肚子，
拖着调子，
画着圈子，
出了再大的事儿也不会离开位子。

料子、肚子、调子、圈子、位子——“五子登科”，一副新官僚的样子！

还有一首：

下来像个办事的样子，
进出像个贵宾的样子，
吃喝像个过年的样子，
返回像个打猎的样子。

四个“样子”！好一副“公仆”的样子！

这使我想起了《古诗源》——何不编一部《今诗源》？

（78）带响。新闻界出现了这么一个新“行话”。报上响、喇叭里响、电视上响——一响而带动百响，是谓“带响”，正可称“一响百响”，一窝蜂上，这也是大锅饭的副反应。

（79）无独有偶。上回有“美国加州　蒙古烤肉”的招牌；无独有偶，大街上又见有另一个“北京加州”招牌：

北京　加州 牛肉面大王 California Beef Noodle King Beijing

中英对照，妙不堪言。两个地理专名，结合起来创造了另一番“天地”——语义的色彩浓极了。

（80）倒。《水浒传》什么人在黑店中吃了蒙汗药，只见黑店店主拍手道：“倒也！倒也！”现今盖了无数摩登大楼，怕难遇见“倒也！倒也！”的情景——只是碰到了一大撮（一小撮的反面）“倒爷”，使你不得安生。旧文字称为“二道贩子”的，如今都叫“倒爷”：“贩子”上升为“爷”，可见其厉害。名烟名酒开放价格，倒爷们冲向次名烟、次名酒，一元五角一包的香烟，“倒”了一“倒”，消费者非五元五角买不着了。倒那么一倒，价钱涨了几倍；如果倒那么几倒，倍数就更直冲云霄。更加神通广大的是“官倒”，官倒者即有权有势之人（多半是一个权威“公司”）来倒买倒卖，真所谓吃人不吐骨者也。

（81）倒挂。近来“倒挂”一词活跃纸上，不只入文章，而且入文件。倒挂通常指“体脑倒挂”——这个词或词组是一种很奇特的压缩型词组，简练而有深意，“脑”者脑力劳动也；“体”者体力劳动也。体脑倒挂者即云脑力劳动者的收入低于体力劳动者的收入，说得文绉绉一点：精神生产者在种种方面大大不如物质生产者，故有“手术刀不如剃头刀”的谚语——不是那把刀不如这把刀，而是操手术刀的医生收入不如操剃头刀的理发师之谓——这就是“体脑倒挂”。

（82）忧→优。看见一幅漫画，主人翁是一个穿西装的胖胖的君子，端坐在“八大件”之间，画题：“先天下之优而优”——仅仅换了一个汉字（把“先天下之忧而忧”的“忧”换上“优”字），语义大变，挖苦之情，溢于纸上。语言游戏常常反映了一种社会的爱憎，汉语如此，外国语亦是如此——说者谓汉字所含的“信息量”大，故易“做文章”云云，存疑。

（83）再说“倒”。时维龙年八月，“倒爷”以及“官倒”、“私倒”这样加引号的语词，见之于正式文件；至于新闻报道中出现这种字眼，则已司空见惯。例如《人民日报》头版（1988.09.03）标题：

上海有色金属行业职工致函本报
揭露“官倒”层层盘剥内幕

同日同报评论员文章:《坚决惩治“官倒”》。倒者利用价差（物价涨落之差，仿落差一词形成的）买入卖出，牟取暴利之谓也。干这行伤天害理勾当的人，被“尊”称为“倒爷”；“倒爷”有公私之分，亦即官民之别，民间“倒爷”名为“私倒”；官家“倒爷”称为“官倒爷”，其行径则为“官倒”——“官倒”给“倒”爷们带来唾手可得的暴利，而给消费者、生产者和国家带来莫大的损害，尤其是“官倒”，有权有势有物资，“官倒”不治，国无宁日。当“官倒”一词在日常生活中消失时，国计民生便有望了。

（84）优皮士。十年前我介绍过“嬉皮士”（Hippie）这个新词语；我说，嬉皮士是60年代后半期在物质丰富与精神空虚的美国泥土中诞生的；牛仔裤，男的留长发，女的推平头，愤世嫉俗，玩世不恭，同现社会秩序“对着干”。

嬉皮士长大了，进入社会成为中坚分子了——于是出现了优皮士（Yuppie）。按美国风行一时的《优皮士手册》（*Yuppies Handbook*）下的定义，这些人住在大都市或郊区，年龄自25岁到45岁，生活的目标在追求光荣、名望、利益、权益、地位或这一切，周末早午餐并食（又因此创造了一个新词 brunch——由早餐 breakfast 与午餐 lunch 合成），下班后还去运动，这类人在欧洲叫欧皮士（Euroyuppie），在台湾地区或译作“雅痞”，或译作“优辈”。其实是身穿高级西装，而略带嬉皮士那种反社会的味道。是嬉皮士的蜕化，是入了社会成为“栋梁”后的一种新社会现象。

我们这里有优皮士乎？曰：有的。那是由红三代的子孙红卫兵蜕化而来，既有造反脾气，又有赚钱本领。难道不是么？

（85）涂鸦。在北戴河海滨见一位少女穿的外衣上有一个意大利字：Graffiti（这是个复数名词，原形为 graffito），我问：你知道写在你外衣上的字什么意思吗？她答：不知道。穿写了语词的衣服是时下一种“新潮”（new wave）——“新潮”一词在港地流行，即一种新款式、新倾向、新趋向、新风尚，现在也慢慢北移了。

至于 graffiti 这个意大利字，是指例如纽约地下铁道车厢内外的乱写乱画——文绉绉地说，即涂鸦；其实是西方一些“反社会”的青年为发泄自己的表现欲望，在街头（屋边、墙角、车厢、公共设施）随意涂抹的字画。纽约地下铁道集 graffiti 之大成，我曾经写道：

车厢四壁上上下下，涂满了下流的、野蛮的、粗鲁

Sommeille en paix ma chere Annette ;
Hélas ! c'est pour moi seul que sont faits tous les maux.

的字句以及不堪入目的“现代派”图画——活像在旧中国公共厕所里所见到的。在这可怜的地下铁道中，我看到另一个美国。

台湾一位作者（詹宏志）也作过描写：

黑漆漆的换车厂里，成群的青少年拿着手电筒，在两次车班交替的时间内，同心协力用罐装喷式油漆，迅速地把车厢外壁画成了大花脸。

（86）分偶。这是台湾使用的一个新词，即 apartnership 的译语。原来的词语是英文中的新词，不见于字典，只见于报刊（《纽约时报星期刊》)，是由 apart（分开）和 partner（配偶）加 ship（表示一种行为状态的后缀）而成。台湾作者是从“配偶”一词出发，把它译成“分偶”的——据说美国实行“分偶”者有 50 万人，成为美国 80 年代一种新的社会现象。

“分偶”者男女双方固定关系（新的婚姻关系？），但不同住在一个屋顶下，持续十几二十年每周固定约会，甚至有共同的子女，子女或归男的抚养，或归女的抚养，这些“分偶”独居而不同居，彼此不见对方的“丑态”，彼此相敬如宾，爱情久而弥笃云云。

有社会责任感的人，或引以为忧，或称之为突破了传统。分偶与配偶，进步与灾难，主妇与主夫，从语汇学看只不过是相对应的语词，它们却反映出社会思潮的变化与变革。

会有哲人给《家庭、私有制和国家的起源》写续篇或加新注么?

（87）记号。符号学界多推崇瑞士语言学家索绪尔为“祖师爷”。索氏说的“符号”（sign）实即记号，是由两个侧面所组成——即索氏所称的“能指”（signifiant，台湾译“意符”），“所指”（signified，台湾译“意涵”）。叶尔姆斯列夫（L. Hjelmslev）称前者为“表现”（expression），称后者为“意义”（meaning）；他说表现和意义为矛盾的对立物，而矛盾的统一即为符号。

（88）滑坡。“上海地方财政两年连续滑坡原因何在？”这是导入科学技术名词（术语）来评论社会现象的新例子。上引句中的滑坡一词，以前使用连续下降或连续减少等语词——但80年代的社会习惯，却喜欢使用科技术语，似乎只有这样，才能更有效地描绘出语言色彩。对此，有人反对，有人称道。能“定”于“一”吗？不能。

（89）“国科联”。报载：“国科联第二十二届大会在京召开”（《人民日报》1988. 09. 12）。报道说：

> 目前世界上最大的非政府性国际学术团体——国际科学联合会理事会（简称“国科联”）第二十二届全体大会，今天在北京开幕。……

由此可见，“国科联”实为“国际科学联合会”的略语。

说者谓：不知道为什么不简作“国际科联”，而简作“国科联”；“国际科联”比“国科联”只多一个汉字，但其传递的信息对社会成员心理说更完整、更准确。正如：

“国家计划委员会”简称“国家计委”而不简作“国计委”；

“国家教育委员会”简称“国家教委”而不简作“国教委”。由于现代汉语的“国”字可构词为“国家”或“国际”，因此国内机构简称“国家”，国外机构简称“国际”。例如：

“国际世界语协会”简称“国际世协”，而不作“国世协”；同样，“世界和平大会”简称“世界和大”而不作“世和大”。与此相类似的，UN（为 United Nations 的缩写）在现代汉语简称为“联合国”，而不作“联国”；UNESCO（为 United Nations Educational，Scientific and Cultural Organization 的缩写）简称为“联合国教科文组织”而不作“联国教科文组”（相对应于英语六个单词的缩写）。注意：这里用联合而不用联，用组织而不用组。

从社会语言学角度看，这叫做语言习惯，这里还牵涉到现代汉语的构词法习惯。

（90）婴儿也会思考。报载美国康奈尔大学心理学家史贝尔克博士新发现，婴儿也会思考。她认为思考、感觉、运动功能三者都是“与生俱来”，并非后天习得的，因此，思考是一种本能。

报上只寥寥数语，未见论证，不知其详。

思维和语言哪一个先发生？这个两难问题困扰了我们很久了，说先有思维，那么，用什么媒介来思考？说先有语言，那么，没有思维又何来语言？——那岂不是一系列无意义的噪声么？

看来只能根据实验心理学和神经语言学取得大量数据才能给出令人信服的结论。

我近期观察了一个小男孩从0岁到1.5岁的语言行为。当他长到0.75岁时，他还只能说出“爸爸”、“妈妈”等几个词；但他能听懂大人某些语言（不是全部），因为他能按照他听懂的指令去做某种动作。到1岁时，他能模仿大人教给他的单词发音，这时，他一般能对大人发出的指令（语言）作出准确的反应。差不多到1.5岁（一周岁五个月）时，某一天，当他爸爸下班回家时，他突然发出了“爸爸回来了”五个字——事先并没有人教过他说这一句子，但是“爸爸”、“回来了”甚至“爸爸回来了”他都反复听见过，也模仿过个别单词（不是句子）的发音。这说明：他的大脑信息库中存储了这几个词并且存储了反映这种行为的句子，在适当时候他居然会调出来使用。他有思考，尽管他没有足够的语言材料。

（91）灰市场。用颜色来表达某种语义，是一种司空见惯的语言现象。近来增加了一个灰市场理论，与红市场、黑市场相比对；据说这个词来源于苏联经济论文。红市场指国营市场，黑市场指自由市场，而那种靠关系或“走后门”进行商品交换的场所则被目为灰市场。

（92）语言经济力。语言经济力是社会语言学的一个新概念。设E＝语言经济力，G_W＝世界总国民生产值（GNP），G_L＝某种语言使用地区或国家的国民生产值，则

$$E=\frac{G_L}{G_W}$$

《日本经济新闻》（1988. 08. 06）按这个公式发表了一个语言经济力的情况和预测：情况是1985年的实际，预测是2000年的期望数字（按照日本官方〔经济企画厅〕《2000年经济展望》一书），是按比值大小排列，有如下表（数字为百分比）：

1985年（实际）		2000年（预测）	
① 英语	36.9	① 英语	34.9
② 俄语	13.1	② 俄语	11.9

③ 日语	10.1	③ 日语	11.4
④ 德语	7.2	④ 德语	6.6
⑤ 法语	5.4	⑤ 汉语	5.3
⑥ 西班牙语	4.5	⑥ 法语	4.9
⑦ 汉语	3.1	⑦ 西班牙语	4.6
⑧ 意大利语	2.8	⑧ 阿拉伯语	2.8
⑨ 阿拉伯语	2.8	⑨ 意大利语	2.5
⑩ 葡萄牙语	1.9	⑩ 葡萄牙语	1.9

据日本预测，到2000年中国的语言经济力将跃居世界第五位，而前四位（英、俄、日、德）语言经济力所占次序不变。

这个数字有何种理论意义，还待论证。

（93）文盲问题。文盲不能建成共产主义，列宁这句名言几乎是无人不知了。文盲能建成什么“主义”呢？或者文盲只能永远做统治者的奴隶？或者文盲也能维持一个物质富有而精神空虚的群体?

据说在美国,“文盲问题已经成为一个日渐突出的社会问题”(《人民日报》1988. 09. 23)。同一来源说,纽约市文盲或半文盲约有150万人,而美国全国统计文盲和半文盲超过2300万。

他们当中有不少人不仅不能读书看报,甚至连路牌、公共汽车和地铁站牌等许多交通标志都不认识。

对文盲和半文盲,当然谈不上什么科学什么民主。

联合国教科文组织有这么一个“令人不安”的数字:亚太地区28亿人口中有6.6亿文盲——文盲占亚太地区人口的23.5%(几乎占四分之一),而其中印度和中国文盲人数占亚太地区文盲总数的50%左右(二分之一)!

在我国,“属全国首富的一个省,文盲比例竟达29%”——作协唐达成这样说。

按国务院规定,城镇人口识2000个汉字,乡村人口识1500个汉字,便达到“脱盲”状态。

文盲不只是识字的问题,应当是个综合的文化素质问题;当然,最起码的基础是识字。

不知道能否达到这样的认识:文化的起点是识字,而不是唱歌、跳舞、演戏。

（94）麦克太太。报上有一段精彩的描写：

> 只要在咖啡店吃饭，麦克太太就总是买一个汉堡包，她并不特别喜欢汉堡包，可她不认识菜单上的字，只知道咖啡店里准有汉堡包。在超级市场买东西，她只挑那些她认得出的东西。她不认识商品标签上的字，要是罐头上只有字没有图，她就不敢买。（《人民日报》1988.09.23）

这里描写的场地是美国。这段文字不只涉及通常人们所关注的文盲问题，它关系到非语言交际和现代社会的信息传递问题。

（95）"对缝"。这是一个当前在商品流通领域中的"行话"——语义为：以沟通买卖双方的联系为手段，获取差价或一定数量的劳务报酬。妙在"对缝"者一无资金二无物资来源，只是"倒"来倒去获取报酬。这是商品流通的正道吗？不。这个语词在理顺经济环境以后将会"淡化"或消失。

（96）文字的"命运"。英文《中国日报》（1988.09.28）刊有中国读者投书，抱怨街道上或公共场所的公告、告示只有中文，不加英文，"对于外国人，他们不认识中文，很难让他们服从这些规定"。信中说，有洋人骑自行车要通过王府井大街，他又不认得在街头公告上的中文

（每天一定时间内不准汽车和自行车通过），引起很多麻烦。这位中国读者说："实际上，这个问题很容易解决。我们只需在中文告示上加上英文就行了。"

确实"很容易解决"。但为什么要在王府井街头张贴中文告示上加上英文呢？我不是排外分子，在外国人经常居留或交往的场地（如八达岭游览地或友谊商店）设置中外文对照的公告或指示牌，是可以理解的，也是必要的。不能认为在一切场所都要加上外文（不管是英文还是什么文）来"方便"外国人。这是香港"模式"——须知香港是 19 世纪使用英语的一个强国（政治术语称为"帝国主义国家"）强占的地方（政治术语称为"殖民地"），它是英文加上中文，而不是中文加上英文。

在纽约的时报广场竖立的公告或指示牌、告示，英文之外加上中文了吗？

我看见民警的臂章是这样写的：

公安

POLICE

上面是汉字，下面是英文。我不知道是否有过这样的规定？必要性如何？统一的还是地区的特殊规定？在我——一个中国公民——看了总不是味道。

有这么一个公开场所，解放前所有标志都是中英对照，解放了，这个美国人办的机构所有标志都换上中俄对照，因为"一边倒"。"十年浩劫"——俄文"修"了，因此砍了，剩下中文。开放了，中文旁加了英文。一部语言史成了一部社会史，耐人寻味。

（97）今之古文。报上今之古文多矣哉："出闹市，步田野，茂林葱郁，嘉禾如海，微风起处，绿波浩渺，容拥大自然之怀抱而焕发已失之青春；俯仰天地之无限而不知老之将至；且阳光灿烂，空气清新，享之不尽，用之不竭，各取所需，尽得其乐。"观古之今文："朝而往，暮而归。四时之景不同，而乐亦无穷也。至于负者歌于途，行者休于树，前者呼，后者应，伛偻提携，往来而不绝者，滁人游也。"前者刊于1988年也，后者成于1007—1072年也；前后约跨千年也，而古文不衰也。

（98）数字癖。报载有十不准，十坚持，十反对，十带头，九严格，八要求；还有一慢二看三通过；前有"五四三"办公室，后有"五四三二一"——十年浩劫时有三忠于，四无限。人告诫说，"不要玩文字游戏"——文字游戏不过是游戏，而现今的一个中心，两个重点，三个认识，四个结合，五个变化，六条措施，七个条件，八个保证，九个指头，十大罪状，不是游戏，而是一种思维方式。这种数字癖源出数字灵物崇拜，而数字灵物崇拜则导源于语言拜物教。

（99）“王後”。电视屏幕出现过两次“王後”字样。客问：“王後”是什么呢？答：“王後”即“王后”。“后”为“後”的简化字，後简化为后，但不可逆转，即不能认为后字的繁体字为後。再举一例：“打秋韆”的韆字简化为千，可是“千千万万”不能作“韆韆萬萬”。现在电子计算机可以兼容简繁两体，一按指示键，简体即可变繁体，或繁体即变简体，在制作这个程序时，应当注意有若干个汉字是有“不可逆”（只能单向）的现象。

车•
车•
车•
来了

（100）图像诗。日本《言语》杂志今年起有一个连载，是诉之视觉的诗；据说这是符号学和非语言交际（nonverbal communication）的理论形成以后，有些诗人不满足于传统的诗作，嫌它没有视觉效果，故创造一些新体。澳门一语文刊物称之为“图像诗”——在署名梯亚的文章中举了林亨泰的诗《车祸》——“表现了车子迎面冲来的那点有速度、有远近、有行动的紧张的感觉”。《言语》今年2月刊载了日本诗人新国诚一的诗《恋》（1968年作），也有类似的图像：把“恋”字的繁体“戀”放在当中，上面延伸“言”字，下面延伸“心”字，左右各延伸“糹”字，企图达到视觉上的强烈感受。

其实美国一个现代派诗人康明斯 e. e. cummings（注意：这位诗人打破传统写法，一律不用大写字母）几十年前就提倡过诉诸视觉和听觉的诗。

照这个论点发展下去就不要语言。现代戏剧有两个极端，一是全然不用有声语言（如哑剧），一是全用口语（独白）而不用一切动作。不论前者或后者，本质上还是以语言为媒介，都离不开语言。

> 拜拜。写成百条，已到岁末——读者一定看腻了，作者也该走出密林，回家过年去了。拜拜！（读作 bāi bài，源出美国英语 Bye-Bye，这个新词随着各种易拉罐可乐橙宝果珍迷你巴士的士由南而北进入语词的密林，拜拜！）

（101）量。在语言文字领域，古人对量的观念是很精确的，今人却不怎么样。汉朝许慎著《说文解字》，叙曰：此 14 篇 540 部 9353 文重 1163；解说凡 133441 字。表述得清楚极了——不仅记录了全书多少“字种”，而且把全书用字（语料）数也表达了。宋朝丁度编《集韵》（1039 年编成），序例也称收字 53525，精确之至。

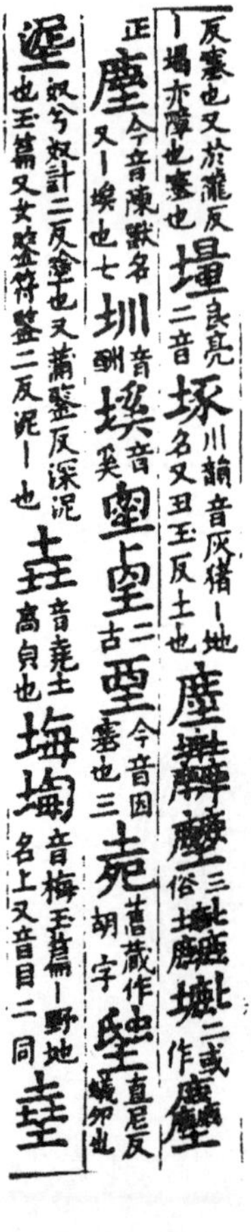

反塞也又於瀧反丨堨亦障也塞也 [illegible] 良亮二音 [illegible] 川韻音灰猪丨地名又丑玉反土也 [illegible] 三 [illegible] 俗 [illegible] 二或作 [illegible]

正 [illegible] 今音陳獸名又丨埃也七 圳 音酬 [illegible] 音奚 [illegible] 二古 [illegible] 今音因塞也三 堯 舊藏作古胡字 [illegible] 直尼反 [illegible]

埿 奴兮奴計二反塗也又蒲鑒反深泥也玉篇又女監符鑒二反泥丨也 垚 音堯土高皃也 [illegible] 音梅玉篇丨野地名上又音目二同 [illegible]

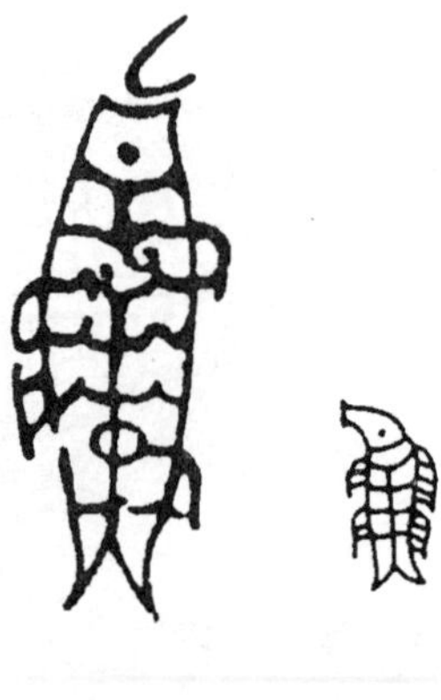

今人编字典却反而对所收字量描述模糊。例如《新华字典》说，所收单字共一万一千一百左右，《现代汉语词典》前言说，“词典中所收条目，包括字、词、词组、熟语、成语等，共约五万六千余条”。这么一左一右，这么一约，便不好写数码，不好作“11100左右”或“56000余条”了。——难道今人连用手工或机器统计一下的余暇也没有么？不见得。

何故？

（102）尘。这个字见于简化字总表，一般释义为“尘土”，等于不释，可是这个简化字已有上千年的历史，这一点恐怕很多人没有意识到。

古人造字表示尘埃这种事物时，最初用三只鹿扬起土来——那就是尘土。𪋻这个字见于镌刻在金属器皿上的铭文，三只鹿在土路上奔驰，必定扬起叫做“尘”的微小土粒来。那时肯定还没有高速公路，否则一百只鹿飞奔也扬不起那些微粒来。这个字，恐怕我们的祖先在公元前（秦朝）就已觉得它难写（可不难认），太费事，后来聪明人说，用不着三只鹿，只一只鹿在土路上奔驰也能扬起这么一大把微粒的。为了方便，人们就改写作“塵”——那是简化字了，真是罪该万死。一只鹿奔跑了约一千年，到宋朝时，就有人觉得连这么一只鹿写起来也费事，聪明人想，不就是土路上扬起的那些小小的土粒么？索性写作“尘”

算了。这又是一个该死的简化字，所以宋朝丁度编《集韵》（1039）时在相关的条目下注明："俗作尘，非是。"可见10世纪前后"尘"字在民间流行，故称"俗"字。被官书这么"非是"一下，即不承认它的规范性，从此"尘"字打落冷宫，直到一千年后又为人"挖"出来加以赏识。小孩最赏识，因为它易写易认；像我这种中等文化水平的人更赏识，可省几笔。这么一个字的发展史或进化史，证明了语言学大师赵元任教授说的："其实有史以来中国字是一直总在简化着呐，只是有时快有时慢就是了。碰巧现在这时候有很多的大批的简化提议就是了。"（《通字方案》）

（103）海然热。这是赵元任教授给法国著名语言学家 Claude Hagège 起的汉字"姓名"。海氏自己十分欣赏这个译名，他说，这几个汉字表达了他的法语姓氏最初的语义——虽则现在很少人知道了。他还欣赏这几个汉字道出了他本人热情奔放的性格。

汉字组成的词组，汉字组成的专名，常是会引起人们"望文生义"，因此可以说汉字有"特异功能"。例如在译写女性专名时，选用了一些带有女性倾向的单字，或选用有"女"字旁的单字，如安娜、露意丝、玛丽，等等。

在近代史上，当这个古老的封闭的"天朝"，突然面对西方殖民者入侵时，人们不怀好意地往往把"洋"人专名加上"口"旁，如"嘆咭唎"，更有甚者加一个"犬"旁，这都是旧时代利用汉字"望文生义"的"特异功能"，在译名上做了手脚，以便唤起人们得到字面以外的语义信息，因而得到阿Q式的自我安慰。

（104）番鬼。一百多年前有一个华南群众新造的词："番鬼"——把外来的（外国的）东西称为"番"，是古已有之的；但是近代则将这些"番"邦（外国）来的"番"人蔑称为"鬼"，故称"番鬼"。鬼是比人低一等的生物（死物拟人化即变为生物），而且是使人讨厌的异物，愤激之情溢于字面。"番鬼"一词又转回英文，则写作Fan Kwae，这个字进入了19世纪的英语词汇库，美国来华的首批冒险家中，有一个叫做亨脱（Hunter）的就写过一部《广州番鬼录》（*Fan Kwae at Canton*），记录了当时爱国群众（尽管有点狭隘的锁国倾向）对"番鬼"的种种态度，保存了西方入侵者眼中所见的不甘为奴的中国人的本色。

（105）《一千零一夜》。法国人安托万·加朗（Antoine Galland）于1740年把名著《一千零一夜》译成法文，法译本大受法语读者欢迎，但译文与原文之间有些地方差距很大——是译者的阿拉伯语水平不高吗？法国国立图书馆现在保存有译者手稿，这稿本上的眉批脚注充分证明了译者具有精深的阿拉伯语知识，而且表明译者力求译文准确地表达原文。但为什么会出现译本中的“不忠实”呢？据法国语言学家海然热说：当时“对翻译的评判标准与今不同”，那时宁愿“美而不忠，雅而不信”，结论是译者这样做是“考虑读者的胃口”。

也许是这样。读者的接受能力和风尚当然会影响翻译，可是两个完全不同的语系，在转译时是绝不能照字面一字一句直译的，这一点必须考虑在内。

关于风尚和接受能力的影响，可以研究伍光建的翻译；关于对两种截然不同的语系进行迻译：既不按字句的表面语义，就必须按其“神韵”或“深层信息”，这一方面可以举出和研究林纾某几种较好的翻译（例如与魏易合

译的《萨克逊劫后英雄略》中的某些段落），以及赵元任翻译的《阿丽思漫游奇境记》。

（106）香榭丽榭。巴黎有一条宽阔的大道，近译作“田园大街”的，从前通写作“香榭丽榭”或“香榭丽舍”——那是法文 Champs-Élysées 的音译，这四个字多美呀！一幅令人神往的街景：一幢又一幢别致的房屋（榭，舍）散发着一阵一阵香气，美丽极了。

巴黎附近有一个好去处，原称 Fontainebleau——前人译为“枫丹白露”。法文读起来有点像英语的 Fountain Blue，蓝色的喷泉。枫丹白露太有诗意了：一片红色的（丹）枫林，这里那里洒着一滴一滴的无色的（白）露珠，简直是神仙的去处！

至于诗人徐志摩给意大利的文化古城佛罗伦萨写上三个迷人的汉字——翡冷翠（从当代意大利语 Firenze 音译），翡翠已绿得可爱，何况还加上一层寒意（冷），那就太吸引人了。

也有难听的地名，不知是哪几位富有幽默感的先人

们，给我们留下了几只牙：西班牙、葡萄牙、海牙——怎么葡萄会有牙呢？怎么海也有牙呢？怎么地中海两个早年航海发达的国家连同西欧一个“上帝造海，凡人造陆”的国家（荷兰）的政治中心竟变成一颗牙呢？有点逗人发笑，然而约定俗成，正所谓“天长地久”，改不了了。

（107）自我贬低。据说外国科学家注意到我国一些学者的科学论文著作包括摘要常常使用“a preliminary study on...”（……初步研究）——preliminary 这个字同中文的“初步”语义和语感都不完全一样。中文这个词表示谦虚，英文这个词却“不是一个好词”，表明很不成熟。既然很不成熟，干吗要拿出来呢？人说，这个词

“无形中自我贬低了文章本身的水平”。好一个“自我贬低”，说得妥帖极了。

加拿大一位植物字家说，要把生活中的谦虚（这尤其是中国人的传统美德）和科学上的实事求是区分开来。

说见《科学报》(1988. 11. 22)。

(108) 时间可逆。自我贬低难道是我们这个特定时代特定地方的病毒吗?

报载：上海“南京路除了路名换为中英文外，坐落在此的 167 家名、特、优商店也都挂上了英文店名的牌子。外宾经常游玩的 12 家公园，都已绘制了英文导游图和景点英文牌”。(《文汇报》，1988. 11. 22)

笔者孤陋寡闻，这是几年前 7 月间发生的事了——一夜之间，退回到次殖民地时代。阿弥陀佛！谁说时间不可逆？用不着耗散结构理论，也能证明时间是可逆的。

（109）“三合一”。“文化大革命”那十年，将语录、诗词、“老三篇”印成一本，随身携带，比基督徒对《圣经》还要虔诚的那么一部红小书，当时叫做“三合一”。报载，非洲喀麦隆也出现了一种“三合一”，那是口语，不是红宝书——喀麦隆人称之为Camfranglais，这个字也是“三合一”，Cam就是“喀麦隆”的缩写，fran就是“法语”的缩写，glais即法文“英语”的缩写（采词尾五个字母），据说“学校”叫做le school（第一字为法语定冠词，第二字为英语“学校”）。

喀麦隆由16世纪开始，即被葡、荷、法、德、英等国殖民者轮番入侵或占领，在第一次世界大战期间，法占东部，面积为全区六分之五；英占西部，为六分之一；与

此相适应，东部“官方语言”为法语，西部为英语。1960年法属部分独立，1961年英属部分独立与东部合并，成立“联邦共和国”，官方语言为法语和英语。但是喀麦隆青年流行了这种三合一语，短短十年，很多喀麦隆人都会说并乐于说这种语言。

这是最新的混合语（Creole）——也许经过一个、两个、三个世代，它就会成为这个国家的正式语言，也就是说，它会有独特的语法和拼写法，成为一个活的语言文字系统。反正一张白纸什么也好画。

语言文字的诞生在这里可以看出端倪。

（110）请读我唇。布什在一次竞选活动中说，国会压我增税，我说不，他们又压我，我又说不，他们又会压我，我则对他们说：请读我唇（read my lips），不增新税。

这是 William Safire 在《纽约时报杂志》连载的《语言漫论》（“On Language”）专栏中说的（1988. 09. 04）。顺便记一笔，这位专栏作家真了不起，每周发表一次关于语言现象的论述，十数年而不间断。

请读我唇——是加重了语义的表现法，请君不只听我说，同时请君看我说。又听，又看，我说的是真话，不能改动的。

王光祈半个世纪前翻译一首英格兰民歌时，曾用“饮我以君目”作歌名——即 Drink to me with thine eyes。虽则

用的是文言，但情意绵绵，活跃于纸上，时人译为“你用秋波向我敬酒”，白则白矣（好懂得多），但听了总觉得缺少一点什么。王光祈运用了我国传统的语言美学特征，把“饮”字用活了，才有这种情意，可以联想到古诗“饮马长城窟，水寒伤马骨”中的饮字。

可知语言有它的奥秘（mystery），有点神乎其神的味道。

（111）苏·广州。你知道这个地名吗？这是苏州和广州两市的缩写，中间有一圆点，也是创新。

缩写和略写应当有个章法——如上例，中间圆点所占地位，完全可以放一个“州”字，“苏·广州”不如写作“苏州广州”，更为明快。不能认为一缩就更好。

这个略语见于王府井一家店铺的红布横额。文曰：

苏·广州石英钟展销

缩写在某种情况下是一种“病毒”。假如这种“病毒”扩散了，那么，你将看到：

北·东京结成友好城市

上·北海是两个开放城市

推而广之，将得到令人哑然失笑的写法：

中·美国文化协定（＝中国美国）

里·中曾根会晤（＝里根、中曾根）

民·联德两国议长互访（＝民主德国、联邦德国）

伊拉克·朗互换战俘（略去一“伊”字）

对不起，以上例子幸而都是我杜撰的，博读者诸君一笑！

（112）贫困线。报载官方数字，我国贫困线定为农村每年每人收入为人民币 200 元（见 *China Daily*，1988. 12. 31）。城市居民贫困线定为多少，没有公布。

贫困线一词是“舶来品”，英文作 poverty line。凡有“线”字为语词后缀者，大抵都是舶来品——例如人们熟知的“路线”、“总路线”，以及人们常用的“地平线”、“回归线”、“国境线”、“内线”、“外线”、“水平线”、“曲线”、“直线”、“天线”、“地线”、“雪线”、“火线”、“战线”。

现代汉语中“某线”有时不是一条线，而是一种别的东西——例如“X线”其实是“X射线”的简称，亦即“X光”（X-ray）。“放射线”、“红外线”、“紫外线”、“衍射线”、“折射线”、“散射线”、“反射线”、“宇宙线”的“线”，全是光。

至于科学术语“热线”在60年代转化为政治术语，却是一条真正可以通话的线路。

（113）烟雾。合众国际社电（1988. 12. 02），科学家说，烟雾中含有的臭氧正在使美国棉花减产。

烟雾并用，成为一种既有某种燃料排出的、污染空气的烟，又有自然界形成的雾混合的东西——烟+雾，成了一个新语词，即烟雾。

我不能确定现代汉语烟雾一词是否外来语，是否由英语的smog引进的。英语的smog应当也是近年形成的语词，那是smoke（烟）+fog（雾）的混合体，前者取首两个字母，后者也取末两个字母。这种构词法在英语中可以遇到一些，例如brunch即breakfast（早餐）+ lunch（午餐）合成的语词，也许是因为起床太晚了，早午餐合并在一起吃的那种餐。在现代汉语，这种构词法却是常见的，而且两个汉字合在一起用往往就产生新义，这个新义并不单纯为两个单字的语义之和，如“烟火”，不是烟+火的单纯和，而是一种特殊的东西。

（114）福。香港（或者还可加上珠江三角洲）文化是一种奇异的混合体：在它有能力迅速吸收外来文化的同时，顽固地保存着前资本主义文化。

在香港人的寓所门前，看见这么一个倒挂的“福”字，问其意，即“福倒了”，而倒→到（实则四声不同），就是“福到了”。“五福临门”——旧时代过农历年大门上的横批常有这四个字，福既临门，也就是福到了。要福到，即将福字倒写——这里保存着典型的语言灵物崇拜，即语言拜物教。

旧时代乔迁新居，得挂上一幅“标语”，文曰：

进伙大吉

进伙即入伙，也就是进入新居，而伙与火谐音，故要倒过来写，如果不倒写，则会引起火灾——我硬是弄不懂，火神为什么一看见倒写的火就不生气了，不放火了，难道火神爷的眼睛是倒挂的么？

那十年——我指的是人畜共生的那十年（1966—1976），凡写“打倒某某某！”标语时，总要将某某某这姓名倒过来写，作：“打倒某某某！”然后在“某某某”三字上用红笔打一交叉，这样表示已经打倒在地再踏上一只脚了。其实写的人和看的人以及被写的人都知道，光那么一倒写，人未必会真正被打倒的。但那是一时的风尚，觉得非如此不解恨，至少可以在心理上觉得此人非倒不可了。这也是语言拜物教的变种。

语言与巫术是共生的，此语直到现代而不失其意。

（115）量词。外国一位语言学家说，在例如汉语等亚非很多语言中，词素必须与名词相结合，或与动词相结合，一般口语不说“一信”，只能加上一个量词，成“一封信”。

很对。但从这里不能得出必须的公式，这是可加量词的格式，还有可不加或不加即变更语义的格式，例如一草一木、一言一行、一张一弛，虽有点文言成分，但已入口语。此外还有：三心二意（三颗心，两种意见）、五花八门、四通八达。

也不能把这归结为文言无须量词。

（116）使用邮政。一邮局门前贴有大字：请使用邮政！“邮政”怎能使用？不解。

通过邮政局来传递信件，能简称“使用邮政”么？“请使用消防！”“请使用公安！”可乎？不可也。

（117）爱滋/艾滋。当前世界上谈虎色变的AIDS，初译作“获得性免疫缺陷综合征”，后改从港台音译，作“爱滋病”——后来又因望文生义，且有攻击者，说这并非“恋爱”“滋生”的病呀，现下报刊多改为“艾滋病”。而新加坡却索性把它写作“爱之病”。汉字不是拼音文字，往往会有望文生义的弊病或优点。

日文转写外来词比我们方便，用假名一拼就行，AIDS作エイズ——没有引导到想入非非的语境。日文另有用汉字写的病名，作“后天性免疫不全症候群”——“后天性”即汉语“获得性”，即不是先天的，而是后天的；“免疫不全”即我们的“免疫缺陷”，而汉语的“综合征”在日文汉字写法作“症候群”。说见《1989：現代用語の基礎知識》第885页。

（118）系列。现在用“系列”（series）的词组多起来了，化妆品系列、香水系列、家具系列；出版物也有很多“系列”。过去称“丛书”，如今称“系列”，即编在一起之意。近见台湾出版物，有

成功丛书系列

一语，既是丛书又是系列，难道不是一本书一本书编集而成的“系列”，而是一套书一套书编成的“丛书系列”么？

导入系列两字也许会引起新鲜感觉，但不必重床叠架，否则如前人所云：关门闭户掩柴扉——三个动作实则一个动作，有点故弄玄虚的味道。

（119）倾斜。时人好用科技术语来描写社会现象。国家统计局发表的1988第1号统计报告（1989. 01. 18）使用了五次“倾斜”：

——分配结构不合理，社会收入分配过于向个人倾斜；

——工业内部结构出现两个不合理倾斜；

——企业结构上向乡村企业倾斜；

——工业结构向加工工业倾斜。

——有关部门必须把主要精力放在调整产业结构、产品结构、企业结构上，采取倾斜的政策。

报纸头条新闻（1989. 12. 12）

齐心合力把农业搞上去
七个部委提出倾斜措施

倾斜措施意即国务院所属七个部和委员会要“向农业倾斜”，也就是重视农业、支援农业和发展农业的意思。

倾斜这样的科学语词这样使用，50年代不曾有过，60年代、70年代都不会有，只有80年代的今天，“倾斜”才广泛应用在社会生活的各个方面。

愈来愈多的科学术语进入了社会通用的语词库，这是当今出现的社会语言现象——个人是挡不住这股潮流的。但滥用却会引起语义的模糊，不利于信息交流。

（120）运行。同上报告是对1988年我国国民经济运行状况进行初步分析。报告说：

展望1989年，国民经济将在紧缩中运行，调整中前进。

港报称为运作的，大约就是这里的运行；是一种行为的进行状态。

（121）高买。港人把在商店偷窃货物的行为称为“高买”，幽默之至。语源可看港一文具店的告示：

严拿高买，一经发现须付三倍货价。

拿了（偷了）商店的货物，不付货价，一经发现，要付三倍的货价，这岂不就是高买（高价购买）了么！

（122）走穴。80年代冲击文艺舞台的“术语”——一个头人（或称牵头人）串联几个名角，特别是唱流行歌曲的“歌星”，加上几个普通演员，自由组合成小分队，进行短期巡回演出，收入由牵头人和演员按协议分配。演员参与这种活动，称为“走穴”，牵头人叫做“穴头”。走一次穴，红星得到的钱以万计。

由走穴想到出血——出血是电视中频繁出现的词汇，都与银钱有关，诈人钱财谓之使那人出血，自愿或不自愿付钱亦称出血。

这提醒世人血与钱有关系。50年代献血者都是抱着自我牺牲精神，现今则除“义务献血”者外，都得有偿献血——出血能不与钱搭上关系么？

（123）STD。电视一节目（1989. 01. 16）说，性病这个词已经让位给 STD 了。

开放的环境带来了久已不闻的性病。这不是开放政策好不好的问题，而是开放必然会引来外间世界的污染物质——性病不过其中之一。

STD 是 1975 年 WHO（世界卫生组织）认可的新缩略语词汇，即 Sexually Transmitted Diseases（性传播的疾病）这个词组三个字的头一个字母，故日本人译为“性行为感染症”，在日本指淋病、梅毒、软性下疳和被称为“第四性病”的某种淋巴性病。现今世界由于性行为采取了多种非正常渠道（例如口交、肛交等），所以性病的病原体也复杂起来，据记载性病已超过二十种——所有这些，世界卫生组织统称之为 STD。

（124）幽默。现代人了解幽默一词，是被称为“幽默大师”的林语堂氏在“五四”时代“引进”的。源出英文humour（美国英文拼作humor）。道地的音译。正如“逻辑”是logics的音译，“俱乐部”是club的音译，“雷达”是radar的音译一样。不过这一类音译写出来的汉字群却带有汉字原来的某些（不是全部）语义，使人觉得它很亲切。我说“亲切”，指它没有引起“外来”的感觉。幽默不是滑稽，不是可笑，但又多少带有令人发笑的成分。当然，不觉得这个词过分陌生，是因为它本来存在于中文里。远的不说，唐人李白诗中有云：

魂独处此幽默兮，
愀空山而愁人。

这里的幽默只有古代语义，是非常静寂的意思，一点也不幽默（今义）。

音译“幽默”，意译“激光”（以前音译作莱塞光），各有其妙处——看来不必也不应当全盘反对音译语词，尽管会引起某种程度的“望文生义”。

（125）镭射。英文Laser是一个缩略语，其实是由组成这个语词的五个独立单字的第一个字母拼成，即

L（Light）光

A (Amplification by) 扩大

S (Stimnulated) 激化，诱发

E (Emission of) 发出，放出

R (Radiation) 辐射，发射

现在国内把这个字译成“激光”，废弃了过去的音译“莱塞光”。

近年发明了激光唱盘，这个东西放激光唱片时发出了高保真度的音响——比立体声 Hi-Fi “真”得多了。有人说乐声美多了，有人说还不如老的 Hi-Fi。这不去管它。海外将激光（唱盘）译作“镭射”或“雷射”——其实也是音译。由镭射或雷射，人们不能不联想到“雷达”一词。

由此更可得出术语用汉字音译不可废一说还是站得住的。

（126）CD。80年代初，CD一词还没有收入字典。——这个缩略语是随着科学技术的新进步而产生的，它就是上面一条提到的激光唱片或唱盘，原文为compact disc，直译不过是紧凑致密的圆盘，其实指这种激光装置。CD一词已收在1988年版《牛津微型字典》（第二版）。

CD有一个别名为DAD，但是激光唱片商品从不用DAD这样的缩略语，只是在专业词典［例如第二版的《信息技术词典》（*Dictionary of Information Technology*），1985］中收载。

DAD是更有科学性的术语，即digital audio disc（数字听盘）——即把音声信号转变为二进制数字系列收录在光学唱盘的一种技术装置。简单地说，音声转化为数字系列，数字系列通过激光照射，还原为原来的音声，这比之机械转化更加保存了原来的音质。

说者谓，当今的社会生活，在视听领域出现了三种极其激动人心的新事物，即：

激光唱盘装置（CD）代替立体声（Hi-Fi）音响组合；

摄像机代替照相机；

图文传真机（Fax）代替（或补足）电传（Telex）和电报电话。

古人曾喟然而叹："生也有涯，而知也无涯。"生命是短暂

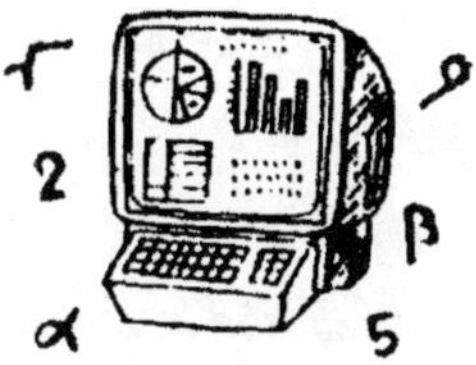

的，知识是无垠的，科学技术的发展是无穷无尽的——而人的欲望（就其善的意义来说，而不指肉欲那一类意义来说）也是从不会满足的。

也许人就这样一步一步走向智慧的高峰（而不是顶峰）。

（127）非小说。美国人在揭示畅销书时把人世间的书分成两类，前人译作“小说”和“非小说”——如今有个新译法，叫做“虚构类作品”和“非虚构类作品”——即英文 fiction 与 non-fiction 的意译。前一种表现法简洁而语义多少有点模糊，后一种表现法则比较接近原文的语义但不怎么上口。

例如我这部小书，是“非虚构类作品”，即不是小说那样的“虚构”作品——不过时人也会提出异议，难道小说全是虚构出来的么？写小说的作家可能不赞成这样的语词，文学作品难道可以说全是闭门弄车地虚构出来的么？不，自然不。

也许还可以有更讨人喜欢的译法？

（128）“六通一平”。忽然发现国人有数字癖。一张报纸四个版面（1989. 01. 26）便有这样的词组：

“五提倡、五反对”——这是闽南提倡的移风易俗活动。

“三包一挂”——这是武钢实行的承包方式。

“三资企业”实行“六通一平”——这是秦皇岛提高效率的措施。

说者谓，大众媒介这么一宣传，立见奇效，既简且明，又保证不泄密。至于比方“六通一平”中“通”什么“平”什么——则知之为知之，不知为不知，是知也。

数字癖是文字大国的一种癖好，也许癖不算病，善哉！

（129）BBC。BBC 就是英国广播公司的缩写。虽称广播，其实也包括电视。这个被称为“大众媒介”（或“群众传播媒介”）的机构，前几年每年都聘请一位语言学家监听它的新闻和评论，找出其中错用的字词或不符合语法的句子，（这有点像 30 年代夏老、叶老开设的“文章病院”！）公之于世，其目的是一箭双雕，既可以改进工作，同时也可以“纯洁”语文，不失为一种值得称赞的措施。

很少人留意到 BBC 是一个“受气包”。例如工党上台时攻击它是“右派保守党的巢穴”；保守党上台时，又攻击它“永远成为左派的奴隶”。最近，保守党资助的一个传媒监听机构宣称，1月份两周间BBC有12条新闻很难认为是“大公”的（即《大公报》报头所署的法文“大公”）。保守党一个头头最近向BBC发动了一场巨大的攻击，他说这个传播媒介使用“保守派”（conservative）一词，简直当作“一切恶毒语词的混合语”——妙在此人用了一个语言学上的用语：portmanteau word（举一个例，brunch就是由breakfast + lunch合成的混合语）。

至于“保守派”一词究竟是不是“一切恶毒语词的混合语”，那就要看他的行动，而不能专靠词典的释义来解决了——正如某些国家标榜的“急进党”，其实是“极右派”，正好是急进的反面。

听其言而观其行，这才是语言的社会意义。

（130）数字游戏。玩数字游戏常常会引起同义反复。试举一个可笑的例子。假如有人说“四要四不要”，内容是——

要多，不要少；
要快，不要慢；
要好，不要坏；
要省，不要费。

这个例子太显眼，所以大家看了都免不了哑然失笑，并且认为不会发生的，前半句同后半句的语义是一样的，故称“同义反复”。同义反复，在一般情况下（注意，在一般情况下）一半是无效信息。

难道在现实生活中不是常常碰到吗？

（131）经济信息。你看过电视台的专栏“经济信息”么？这四个字本来是一个富有信息的词组，但在荧屏上却被“压缩”为商业广告——或类似商业广告的文字。广告所发出的信息，与“经济信息”不是同义语。

（132）热。我们的祖先怎样也想不到一个“热”字有那么强的构词力——“热线”，据说两个超级大国设了一条“热线”电话，以便在紧急情况下两国领导人立即可以接触；为了保持这条线路24小时畅通，每隔一小时彼此要发出一些完全无关政治的话题，例如苏联连续发出托尔斯泰的小说《战争与和平》片段，借以检验线路。敏感者对此又生出种种推测，比如说，苏方放出这样的信息，其实是暗示它的对手应当作出“战乎？”“和乎？”的选择。

“热点”一词指世界上有争端的地方，有时往往是在进行“热战”（而不是“冷战”）的地方；这个词或者泛指引起公众注视的事物。

“热门”话题是人人（或很多人）都感到兴趣的话题。

由于最近创刊了《中国热点文学》这样的杂志，于是出现了“热点文学”这样的语词。什么是“热点文学”呢？查文学概论一类书籍是不可得的，据说它以“真、新、奇、妙”这样的“独特面貌”呈现在读者面前；说是：“热点人物”、“热点事件”、“热点话题”、“热点题材”。原来如此。请看例证：

《一个绝色美人的遭遇》——“全文首次详细披露了林彪一家选美的不为人知的内幕”；

《兽性与人性》——“推理严密，情节紧张，悬念重重，震撼人心”；

《风流才子》——“感情缠绵，情节曲折，引人入胜”。

啊呀，原来这便是“热点文学”！（例见《中国文化报》1989. 01. 25）

（133）笨死。海外有人将西德的名牌汽车 Benz 戏译为“笨死”，幽默之至——我们这里则译为“奔驰”，真羡煞人也。以汉字来译新语词（无论专名还是非专名）都可以选用褒义的字，也可以选用贬义的字，还有虽无褒贬，但状甚滑稽的字，如“佳丽屁股”之类。

（134）语藂。澳门出的语文什志，取名《语藂》——藂——一个少见因而不知如何读的字。艹头下面一个聚，少见少见。有读者投书问字，编者答曰，此字即“丛”字，“语藂”即“语丛”。故丛刊可写作藂刊。

据这个什志说，自古以来，丛字有多种写法：

在以上七个字中：叢称正体；藂称古体；丛为今简体。

其余则为变体、通体、借体、别体——古人写字本来就不怎样规范化，由于时代变迁，书写工具改变，传播手段改换，加上文人雅士对书法艺术的创新，汉字的形体多变。颇有人以为汉字自古以来都是一成不变，且误以为宋体字是天经地义的“正”字——这是一种误解，说得不好听，是无知。即如“藂”字，许慎老先生在《说文解字》中就没有收，也许他老人家没碰到过，也许许老嫌它不够规范，是“俗”字，故只收“正”字“叢”，而把藂字排除掉。据说藂字比叢字晚出，但不迟于西汉初年，杰出的政论家贾谊曾用过此字。把藂字收在字书中。最初是唐《唐韵》，却注明为“俗叢字”。

这个什志说，从汉字字形分析，则“艹”是草木，“聚”是聚集，“草木聚集正好是叢的本义——草木叢生貌”。

（135）萬圆鄉。北京电视台（1989年3月）播放一则新闻，说是北京郊区有若干个乡被授予“万元乡”的光荣称号，各赠牌匾一块。究竟什么叫做万元乡，且不去管它。牌匾的汉字却是用的繁体字：

萬　圆　鄉

不知道这三个字比简化了的

万　元　乡

好到哪里去？古色古香多了？写出小孩不认得的繁体字，颁匾者的学问就大了？当然，这也不违宪，也不犯“法”，我倒建议写成甲骨文或金文更雅一些，反正是一种符号：

这不更高且雅么？——可惜人们不知这是什么“鬼画符”。

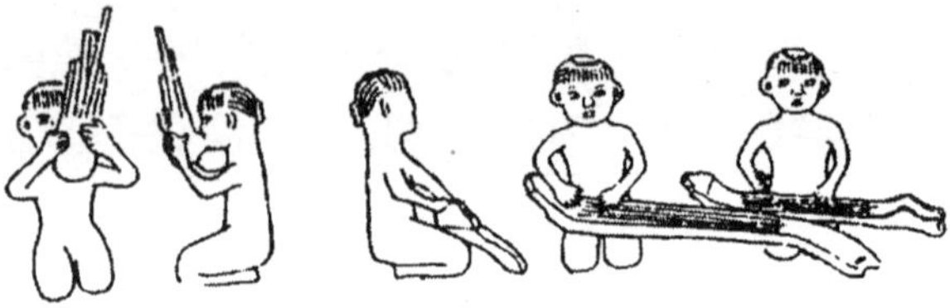

（136）嘉年华会。香港人把 carnival 译作“嘉年华会”，头三个汉字是译音，最后一个字是译义。从前有译为“谢肉祭”，现在则通常译作“狂欢节”。

这个节日是在天主教“四旬斋”（Lent）前举行的狂欢节——原来天主教徒须在四旬斋节斋戒，禁肉，也许人的胃口不得不做些“预防”，故在节前狂欢一阵大吃大喝，省得后来禁食饿坏了。

意大利语 carne 是“肉”，carnevale 意即与肉告别，故译“谢肉”祭。此字由古拉丁语 carnelevāmen 来——levāre 即“告别”“切除”之意。

嘉年华，译音。谢肉祭，译义。这几个汉字都很吸引人，颇令人神往——比时下的“狂欢节”来，含蓄多了。

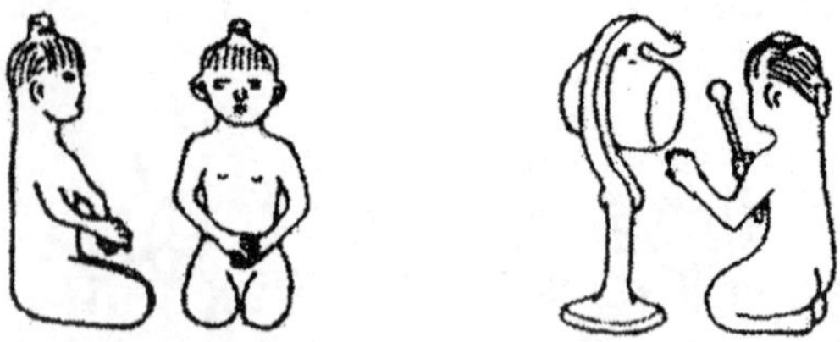

（137）拼搏。某菜市场忽挂起横幅大标语，上写八个大字：

团结　拼搏　创新　求实

菜市场传递这样的信息是颇为别致的。我在市场中徘徊竟日，也想不出卖鱼卖肉卖油盐卖水果的地方如何“拼搏”。

“拼搏”源出广东方言，是广东人容国团的豪言壮语。读者如不健忘，此人就是我国第一次获得世界乒乓球比赛个人冠军的那位容国团，亦即“十年浩劫”中“非自然死亡”的那位容国团。这两个字显出他的高尚理想和大无畏精神——现在到处滥用“拼搏”，好像只要说一声“拼搏”，便万事大吉了。“两强相遇勇者胜”，这是俗语说的。一强一弱，弱者无论怎样“拼搏”，恐怕暂时也胜不了的；非得由弱变强才能取胜——由弱变强，不是光凭主观拼搏可以达到的。

现在到处叫“拼搏”，有点像 1958 年“大跃进”时的气氛——那时不是有过这样的大话么：“人有多大胆，地有多大产。”似乎拼搏就能高产，于是有亩产十万斤粮食的令人啼笑皆非的谎言。没有科学，只凭拼搏取胜是一种空想。

至于菜市场要“拼搏”，则不知是售货人员与顾客一齐拼搏呢，还是售货人员向顾客拼搏或向蔬菜肉蛋拼搏呢，百思不得其解。

不得其解的语词是没有信息价值的。

（138）无 × 不 ×。无 × 不 ×，这是一种古已有之的修辞格。

无农不稳（所以农业是基础）。

无工不富（所以乡镇应发展工业）。

无商不活（所以要流通才能搞活经济）。

无兵不治（其作用在维持社会秩序和保卫祖国）。

冰心女士问：无士则如何？士者，文化、科学、知识以及读书和读书人之谓也。

有答者云：无士不兴，或无士不昌。

没有知识的社会终归是不兴旺的、不昌盛的。汉唐盛世都很有“士”，可证。

（139）聊。这是入了大众语汇的北方方言词。聊聊，就是闲谈——闲谈又称“闲聊”。同“无聊才读书”的聊不是一个意思，无聊不是无话可谈，而是闲得慌。只有一点相通，是闲。闲了才能无目的地“乱弹琴”（乱聊，随便交谈），闲了才能聊，太闲了，什么事也没得，什么也不想干，这才产生一种百无聊赖的感觉。

可是今日中国，到处都在聊。

售货员三三两两在聊。招待员们也在聊。有些电话总机接线员也总是在聊。人人聊，处处聊，时时聊，手中无事固然聊，手中有事也不忘聊，上班聊，下班聊——当人们不再热衷于聊的时候，一切便得救了！阿门！

（140）四字美言。西谚云，对善良的死者不要吐唾沫，故悼词通常都拣好听的话来说，这样就令生者愉快，死者安息。

近来报上发表的讣告或悼词，往往每句赞美的语词都用四个汉字组成——四个汉字组成的语词，完全不同于英语中用四个字母形成的特种语词：我们的“土”产是美言，而“洋”货却是秽语。

用四个汉字组成的语词，铿锵有声——只要沾点边就成，请看：

坚持原则／顾全大局／任劳任怨／为人正直／严于律己／宽以待人／谦虚谨慎／艰苦朴素／言行一致／廉洁奉公／联系群众／平易近人

如此这般，还可以照四字模式无穷无尽地造出一些令活着的后死者愉快，令长眠的先逝者安息的语词来——自然用四个汉字也可以造出恶毒的语词，例如：两面三刀、阴阳怪气之类，谁也知道那是一些唾沫，决计不能向逝者吐去的。

（141）共识。“共识”跟“运作”、“认同”一样，是从海外导入的语词——“共识”按现代汉语即“共同认识”，海外用汉字组词，往往简化，两字组成者常省略为一字，四字组成者省略为两字——而在大陆则相反，往往多音节化。多音节化在口语是重要的，可以避免产生歧义，或者说，使受信者接到的信息更有可能完全和准确。

文礼治谈澳门问题

中葡获广泛共识（1989.04.13）

电文说，“双方在澳门过渡时期的语文、公务员本地化等问题上取得了广泛的共识”。

文礼治是现任澳门总督，葡萄牙人而采用汉字姓名，使人想起近代史上的利马窦、汤若望等，来华洋人取个华名，正如华人出洋多取个“约翰”、“玛丽”的洋名一样，取其易上口也。

（142）××性。苏联创造了一个词，叫“公开性”，我们没有引进，可是港制“可读性”这几年却已流行开了：说那一本书的“可读性”很高，其实等于从前说这本书很可一读，或很值得一读。“可读性”可能有两层意思，一层即上面说的内容很好，颇值一读；另一层上面没说到，即写得很不错，或者深入浅出，或者引人入胜，总之，可以读，读得下去。

近见海外有文称杂志有“二感八性”，蔚为奇观。二感者即“使命感”和“责任感”也——这二感内地也已通用，动不动就“使命感”、“责任感”，以至“急迫感”。八性即知识性、趣味性（这些性我们已耳熟了，无须唠叨）、深度性、意识性（这二性其实不必加“性”），另外还有草莽性、内幕性、煽情性、拜金性。文章要有深度，那就是深度性了；要揭内幕奥秘，这即是内幕性；拜金主义是坏倾向，可能拜金性是一种恶劣的“性”；唯有意识性、草莽性、煽情性则不好懂。意识性不知何指，草莽性可能是倡导草莽英雄，有点大逆不道了，煽情性可能指煽动人的动物欲望。据说前四者是好倾向，后四者为坏倾向，办杂志诸公，不知认可这一大堆好坏兼收的“性”不？

（143）可乐。自从美国可口可乐公司的饮料，以排山倒海之势向中国大陆泛滥以来，“可乐”一词也以高速度跟别的词素结合，于是人世间出现了不知多少“可乐”：

先有洋人的“百事可乐”，然后有华人的“天府可乐”、“百龄可乐”，同时有万事可乐、华事可乐，真是可乐可乐哉！

为什么非可乐不可呢？可乐是什么呢——词典说可乐

即洋文的 Cola，是非洲一种植物，味苦而又可以上瘾。我们的饮料为什么非“可乐”一下不可呢？

（144）绝译。歌有“绝唱”，译名亦当有“绝译”。说者谓“杂志”英文叫做 magazine，海外有“绝译”为“卖个性”。为什么卖个性呢？因为杂志顾名思义是“杂”——在我国以“杂志”为名出版的定期刊物，当推英人主编的《中外杂志》为最早——这刊物在上海创办于 1862 年（清同治三年）。国人自编的《东方杂志》创刊于 1904 年（清光绪三十年），此后商务印书馆相继出版的定期刊物，大都称 ×× 杂志——如《教育杂志》（1909 年）、《少年杂志》（1911 年）、《政法杂志》（1911 年）、《学生杂志》（1914 年）、《妇女杂志》（1915 年）、《英文杂志》（1915 年）、《科学杂志》（1915 年）。而《东方杂志》的英文译名用的正是 *The Miscelanies*（杂录，杂志），强调它的“杂”。表面上看，“杂”即“乱”，“乱”即没有“个性”，故 magazine 的“绝译”为“卖个性”（音义兼顾）。其实杂志好处在杂，而杂不等于乱，杂是诸种不同东西的“共处”，有时颇显示出“百花齐放”的气味。

（145）棚虫。80年代在开放改革“冲击波”下的中国，歌星钻入录音棚去制作录音磁带，那种“牵引”者或协助者或引线者称为“棚虫”——棚即录音棚，棚而生虫，即古称“书虫”的那种虫——初是蛀书的虫，后转化为饱读书的人，这使人联想到30年代美国俚语“量规虫”（gaugeworm）的虫，量规虫即操作那种机械装置（量规）的里手；这里的棚虫可不是里手，只不过是“中间商”而已。牵头主持做这种活动的人称棚头——类似穴头的头。

幸而写作界还没有出现这样的头、这样的穴、这样的虫——真是大幸之至。

（146）桑拿。“粤全面整顿桑拿按摩业”，报上这样说（1989.08.10）——桑拿是“sauna”的音译，这两年才“引进”的，本为一种蒸汽浴，谁知变成“藏污纳垢、色情淫乱”的场所。本来是浴，而今则着重于人，且为异性的人——消息说，24间桑拿浴室改为同性按摩云云，同性则不“藏污纳垢”了？

（147）马杀鸡。马杀鸡这三个汉字颇有点滑稽感——它是massage的音译，据说流行于今日的台岛，算得上一个外来词，即旧译“按摩”。据说“按摩”一度被称作“抓龙”，龙者龙骨也，也就是人的脊椎骨。

西方在20世纪初才有所谓massage parlor的开设——这个去处如果按照理发厅、发屋、理发店的构词法可以写作按摩厅、按摩屋或按摩店，但是人们通常却把它称为按摩院。为什么叫院不叫厅，没有逻辑的必然道理，语词的形成往往是没有什么道理的。在按摩院给人按摩的女性，称作“按摩女”——现在则称作“马姊”，因为按摩已改称马杀鸡了。这种语词是仿照“吧女”即“酒吧女郎”、“发姊”即“理发女工”而生成的。

又据说男士从事按摩工作的，称作“鸡杀马”——妙哉，马杀鸡，鸡杀马，颠过来，倒过去，女变男，男变女，由此可知在汉语构词法中字序是顶重要的——最浅显而又易见的例子如：“大人”和“人大”，前者指成人（不是小孩子）或要人（有点像VIP的感觉），后者则是“人民代表大会”的略语（有时也是“中国人民大学”的略语），相差十万八千里的。

（148）“唯批”。想不到这个在十年浩劫中人人挂在嘴边的缩略语，竟出现在《读书》杂志（1989. 9）上。“唯批”是列宁著作《唯物论与经验批判论》的略称，“我们现在正学习《唯批》”，听来总有点异样，同听到的另一个缩略语《正处》一样的难以形容。“正处”也是那十年中流行的“术语”或“略语”，谁都能猜到它就是《关于正确处理人民内部矛盾的问题》一文的简称。

这种缩略语是有点滑稽的。恩格斯的一部名著《家庭、私有制和国家的起源》岂不是可以简称为《家私》？把《毛泽东选集》缩称《毛选》，是可以理解的：毛是作者的姓，选是选集的简称；很少有人会把《马克思恩格斯全集》缩为《马全》，却称之为《马恩全集》。缩略语不是越短越好——这在表意的汉字来说，更加要注意。

MIRV，LASER，RADAR 都是由几个外文单字的第一个字母构成，在汉语则还没有如此方便——写出来成为一大串汉字，特别是 MIRV 作“多弹头分导重返大气层运载工具”。

（149）情结。报纸大标题：《“红军山”情结》（1989. 10. 04）——着实吓了我一跳，如此升平世界，怎么来一个弗洛伊德的“情结”呢？

文章讲一个少年去红军烈士墓扫墓后如何立志写作，终于成为一个报人的故事——怎么来个“情结”？

弗洛伊德有名的 Oedipus 情结，是个弑父娶母的潜意识活动——难道这个活动具有的只是受压抑的潜意识么？

不解。

情结是近年在海外流行的语词——旧作情意综，潘光旦译《性心理学》用的是症结（complex）（第 168 页注），据说有人译为“疙瘩”，妙不可言！

（150）弘扬。两种活着的语言（文字）一接触，就不能不发生互相渗透的现象。

大陆开放以后，吸收了很多外来语词。“推出”、“共识”、“弘扬”、“情结”……不管你愿意不愿意，这些语词充斥报章杂志，乃至于进入正式公文。客问：好？不好？——这种语言现象不属于好不好的范畴，毋宁是一种风尚、一种趋势、一种“情结”。

（151）渤黄海。近来三个汉字的简化词日益增加，未必是合适的，比如“渤黄海”（《人民日报》1989. 10. 31），其实是“渤海＋黄海”，省一汉字，却会引起歧义——即使不会导致歧义，也能阻滞信息传播的速度。

报上又有“东南极”（1989. 10. 25 电视）一词出现，不能释作“东极＋南极”，因为地球只有南北两极——故“南北极”一词是三个汉字组成的简化词，可以解释，“东南极”则“东”一字费解。

（152）“亢慕义斋”。被李大钊和他的学生定名为“亢慕义斋”的，是蔡元培给北大马克思学说研究会提供作为活动场所的两间房子（《人民日报》1989. 10. 29）。这个斋名乍看似甚古雅，可是内容却是崭新的。

亢慕义即 communism（共产主义）的音译——这是后来康敏尼一词的前导。

（153）连袜裤。报载引进了一条“连袜裤”生产线——这东西本是70年代西方兴起的一种女性“着物”，近来听西方人说，女性们对它已经厌倦，又回到穿长袜子的时代。如果不幸把人家淘汰的生产线当作宝贝“引进”，那就太可悲了——不过这一点我是乱猜的，产业界请勿见怪。

“连袜裤”最初出现为英文，作pantyhose，是panty（内裤）和hose（袜子）两个单字的合成品。这三个汉字构成的词，最早出现在70年代末80年代初。有作“连裤袜”的，较多作“连袜裤”；“连”在构词上带有动词性质，是把“袜子”跟“裤子”连在一起的意思，说它是袜子（但带有裤子），则作“连裤袜”；说它是裤子（同时带有袜子），则是“连袜裤”。

现代汉语的单词，多半是由一个汉字或两个汉字组成，用三个汉字组成的语词是一种缩略现象。但“连袜裤”一词却很特别，它跟“原材料”那样的语词不一样：后者可以分解为原料＋材料，而前者却不能理解为连袜＋

连裤。"原材料"型的构词则随手可拈，例如"中小学"＝中学＋小学；"指战员"＝指挥员＋战斗员，也即压缩为旧式用语"官兵"＝官＋兵（我说旧式，不说旧时，是表明现在某些场合还是使用的）。

（154）解脱/解放。好久没有看见"解脱"一词，新近在报刊上又出现了——这个语词是"四人帮"覆灭后那个时期创造出来的：凡同"四人帮"什么人和事有过牵连的干部，都必须把有关的事实真相"讲清楚"；其实多数都讲不清楚，或本人以为讲清楚了，听者仍以为不清楚。但有一天终于了结了，然后这名干部叫做"解脱"了。"解"而又"脱"，亏得那位非语言学家的语言学家创得出来。

"十年浩劫"时期，凡是检讨了自己如何犯了执行"修正主义"路线错误的干部，被群众七嘴八舌地"批"一通，如果大家都已满足了，那么，这个干部就叫做"解放"了。那个时期的创造性不高，只用了1949年的旧术语——解放。那时的解放指城市、乡村、土地、国家；十年内乱时的解放，却专指人，指干部。

但愿今后不再有创造这些令人沮丧的语词和产生这些语词的语言环境！阿弥陀佛/阿门！

（155）"不能去！"报载某地应外国某公司邀请，派技术小组前往考察某一项引进设备质量，技术小组中有女工程师一人，系某单位质量处处长；可惜这位女工程师是该地某领导的爱人即妻子，当送到这位十分奉公守法的领导审批时，结果是“××× 同志是我爱人，不能去”。读者有啧啧称赞者，有不以为然者，有困惑不解者。

说者谓：“是我爱人，不能去”这个命题，至少引起如下的反思：如果不是“我爱人”就能去，那么，这个“爱人”就没有独立人格了；合条件而不是滥竽充数的只因为“是我爱人”而不能去，究竟这种“审批”是依法审批还是依人审批，换句话说，法治还是人治？

乍看这则消息，似不在语词密林里，其实略略沉思，则发现“不能去！”三字后隐隐约约可见到不成文的两字，应读作：

“不能去，钦此！”

钦此两字是封建主义的产物，故为隐字，某些文字中都会有隐字的，因为说不出来，或说出来不太合适，不雅，所以略去。由此可见，这么一条词义还逃不出语词密林。

（156）大文化。消息说，某地不仅搞小文化，而且注意开发大文化。

啊呀——文化历来只分高低，却从未听见过有大小。幸而消息后面举个例，说一千五百人参加的广播操，就是某地区“创新”的大文化之一种。

原来很多人参加的文化活动，就被称为大文化。以此类推，很少人参加的文化活动，例如一个人写作或几个人演一台京戏，就是小文化。

文化，文化活动，大文化，小文化。多少不同的语词，被“混”成某一种完全不可理解的怪物呀！

（157）停顿。说话中的停顿，就如同文字上的标点，停错了哪怕八分之一秒，或甚至十六分之一秒，也会引起误解、歧义以及模糊语义来的。

某日电视新闻说：

外电报道罗马尼亚救国 ‖ 阵线委员会主席认为

在 ‖ 处停顿了八分之一秒，听起来有点别扭。——应当一口气说“罗马尼亚救国阵线委员会”，要停顿，只能在“外电报道”那里停顿十六分之一秒。

中学里语文课教标点符号时，应当教会口语中的停顿。

这使我想起“五四”前后，当新式标点符号“引进”时，人们往往举出这样一首歪诗来说明“切分”（停顿）会引起语义变化。歪诗是——

清明时节雨纷纷路上行人欲断魂借问酒家何处有牧童遥指杏花村

当做七言诗，连小孩子也会计数；假如不认为它是七言诗呢？“清明时节雨，纷纷路上行人，欲断魂”，也通，语义没变。“借问酒家：何处有牧童？遥指：——杏花村。”

语义大变，是问何处有酒家呢，还是何处有牧童呢？

客问有没有不停顿地一口气说下去人笑己不笑才能表达说话者想表达的意境的语言结构呢？答曰：有。请看这样的句子（那是指关于《红楼梦》为反清复明之作的考证）——

不信的人越听越觉得匪夷所思，信的人越钻越深越分析越有理越研究越有根有据其乐无穷自有天地非庸常人所能体会所可辩驳。（王蒙《变奏与狂想》）

后半句非把41个字一口气说完才可以体会作者的意境，一停顿，这意境就没有了。

（158）顿/空。从说话中的停顿，联想到汉字和汉语的语词连写起来中间不留一点空隙，以致读起来也不容易自然而然实行停顿。近见一大部头的书，封面为：

THEOXFORD
COMPANIONTOLAW
牛津法律大辞典

着实吓了一跳。“牛津”、“法律”、“大”、“辞典”这四个词按汉字排列，词与词之间不留一点空隙，于是导致误以为英文词与词之间也不留空隙，产生了离奇的文字如上图。

（159）春运。今年1月底是“春运”高潮——春运一词是近十年兴起的，人人都知道它是缩略语，全称即“春节运输”。但春节运输也不能准确地传达春运的语义。春运就是春节前后——包括学生放寒假——把探亲的人们运送到目的地，假满了又从目的地运回出发地的那种火车、汽车、轮船的交通活动。我们还没有普遍进行旅游的条件，但是由于我们民族的习惯，春节是人民生活中很有生气的节日，因此春运就不能不造成超负荷的状态了。

缩略语（词）是社会节奏加快所必然产生的。比如“环境保护”简称“环保”，“强迫劳动”简称“强劳”，“外事办公室”简称“外办”。台湾云“家教”，即指“家庭教师”或这种人所从事的工作。简略得不好引起歧义也会有的，但这种语言现象是不能遏止的。

（160）负增长。近来经济新闻中常出现“负增长”这样的语词，在语言学上这也属于一种委婉语词。增长就是增加，增长的反面就是减少；可是人们不爱说减少，那个词既不好听（至少使人听了引起一种忧虑的感觉），又不能说明一种倾向（至少理解为统计学上的倾向），所以宁愿在“增长”这个语词上加一个“负”字，表示这趋势是朝着相反的方向（不是正，而是负）走的。所以这种委婉语词就不单具有委婉的意义，而且具有指明向量（矢量）的科学意义。

同“负增长”相类似的语词可以举出“负反馈”来。

（161）胶袋。用以包装食物或用品或装载在超级市场买到的东西的塑料袋，港澳人称胶袋。胶袋不是用橡胶（树胶）制的，而是用塑料制的。

香港一家百佳商店（PARKnSHOP），它的胶袋上有两行“标语口号”式的宣传文字，上面一行是：

一于响应　清洁香港

下面一行是：

全心全意　保护环境

这里有着很有趣的语言现象。

“一于”是粤方言，意即“必定”、“一定”、“必须”——这两个汉字是记音。港报上出现不少记音的汉字语词，照此念成普通话 yiyu，北方人听了完全不知所云。这一类方言语词要经过“翻译”，才能进入普通话的信息交际世界。

令人深思的是我们说得烂熟的——源出于毛泽东的讲话和著作——一个短语词汇“全心全意”，进入了香港日常生活。这个胶袋的背面有相应的英文，即

Caring about Hong Kong Environment

这里的“Care about”写作“全心全意”，虽则语气加重了，却还有点神韵。当两种语言，两种方言，两种文字有了接触的机会时，不知不觉地会互相渗透，互相借用，互相补充。这是不以任何个人的意志为转移的，谁想阻止也无济于事的。社会工作者（社会语言学者也一样）的任务是顺乎时势地进行优选和诱导，舍此别无他途。

（162）花样。语言学家赵元任的翻译，很多地方是出人意料的又通俗又创新——也许这就叫做“神译”（传神之谓？）。距今 63 年前（即 1927 年），他给自己的歌曲集——赵同时是现代中国的一个大作曲家——写序文时，将“variation”一字译成“花样”，真是绝妙好词。请看：

……而吟古诗吟文的调儿差不多一城有一城的调儿，不过用起来略变花样就是了。

确实“如话”（写文章就如同把讲话写下来）。同一篇序还有几个语词的译法也是“传神”的——picturesque（如画

的)，quaint（离奇的)，lovely（可爱的)，cozy（温暖的)，moving（生动的)。现在看来，好像都不稀罕：须知这是在63年前，即“五四运动”（1919年）提倡白话文那样的大波涛之后仅仅八年，译得“如话”实在太可贵了。

（163）迷外。50年代“拔白旗”（批判所谓资产阶级学术观点的运动）时，称人为“崇洋媚外”——到十年动乱，大约嫌这个语词不够分量，改称“崇洋迷外”。由媚外而迷外，媚读作mei，迷作mi，读音只是相近（只一个闭口鼻音韵母相同)，本不会讹借，但为了特定的政治目的，聪明的批人者借用了，至今不衰。(《文汇》月刊1989. 11一篇报告文学：“这不是崇洋迷外”，“我深深地感到那一次批评‘崇洋迷外’已经渗透到他的骨髓”。)

媚外——“反动统治阶级为了本身的利益对外国奉承巴结”(《现代汉语词典》第766页)，“奉承巴结”谓之“媚”，倒不限于反动统治阶级。迷外——迷信外国之谓，《现汉》补编在“崇洋”条目下有例句“崇洋迷外”，这就记录了这个语词的变化。

由媚外到迷外，然后又停留在迷外，也许某一天又转回媚外：这是社会语言学探索语词的运动过程的一个例证。

（164）老年痴呆症。大脑受损伤，引起语言机能永久性或局部性消失，即记不起，记不全，不会用原先经常使用的语言，这在神经语言学上叫做失语症（aphasia）。

同失语症相类似，但是症状和原因都不相同的，就是因大脑器质异常（但不是由于外伤）而导致的痴呆症（dementia），其中特别是由于年纪大了，大脑器质严重衰退而发生的老年痴呆症（senile dementia）：患者有时失去语言能力，有时只有儿童似的语言能力，有时不但失语，还会引起不会动作（神经符号学称为失行症，apraxia）或不能辨认熟知的人或物（称为失

认症，agnosia）。

21世纪全球都将为老龄人在全人口中所占的比例过大而忧虑——也许，在这忧虑当中，对老年痴呆症的担心不是多余的罢。

也许这是巴别尔塔倒塌了以后，人类语言遭遇到的新挑战！

（165）阳春觉。“我得回去睡阳春觉。”

这是从台湾一本小说里摘出来的一个句子。阳春觉，是从阳春面转化而成。阳春面是人人喜欢，不用花大钱就可以美餐一顿的东西，如果没有什么牵挂，回家倒头便睡，岂不也可称阳春觉？

作家完全有权利创造新的语词——只要他所创造的语词为人民喜爱，这个语词就不胫而走——语言学叫做“约定俗成”。

作家没有权利去创造一些谁也不懂的语词——那不但得不到公众承认，可能还会以词害意。

（166）农转非。这是近年很流行的语词——它的结构几乎不能同现代汉语构词法融合。语义是：由农业人口即不吃商品粮的人口，转为非农业人口，即每月领粮票，到粮店去购买商品粮的人口。“农转非”这样的语词记录了城市化的一种现象。

（167）俄文单字。两个俄文单字“公开性”（гласность）和“改革”（перестройка）悄悄进入了东方和西方拼音文字的语汇库——连荷兰出版的《世界语》（*Esperanto*）月刊也将它转写为世界语，采用了glasnosto和perestrojko这样的形式。按语义学来说，完全可以不这样照搬，但是人们照搬了（转写了），这就表明某些语感由于转写而保留了。可以想见六七十年前“苏维埃”（soviet）、“集体农庄”（kolhoz）、“国营农场”（sovhoz）、“共青团”（komsomol）以及三十年前“sputnik”（人造地球卫星）是如何悄悄地进入东方和西方拼音文字语汇库的。

可惜汉字系统不能直接转写，到现在也只得时而用意译，时而照顾到发音来意译，时而采取“冒险”行动的音译。

（168）非语言交际。“非语言交际”是我给nonverbal

communication 的意译；nonverbal 作“非语言”，可能不太确切，有人建议我译为“非言语”，但我想不出别的更好办法来，仍保留原来的译法。这个术语指的是进行社会交际（social communication）时不使用有声的分音节的语言，而采用其他手段——例如手姿，眉目示意，体态，等等。据 R. L. Birdwhistell 的说法，社会交际只有 30% 至 35% 使用语言，其余六七成都使用语言以外的其他手段。A. Mehrabian 的说法更为极端，按他统计，信息传递只有 7% 用语言，38% 用声调（高低、快慢、长短），其余一半多（55%）则靠表情（说见日本版《言语》1989. 12，第 90 页）。

注意：这里说的是信息传递，讲的是信息，不完全是语义。

（169）柴圣。一想起来，心里就不禁发笑。“五四”时代要打倒“孔家店”，被历代统治者尊为“圣人”的孔

老二，几乎站不住了；而就在那个年代，有人却将世界语的创始人——波兰眼科医生柴门霍夫（L. L. Zamenhof, 1859—1917）尊为“柴圣”。前不久，十几个全国性组织开会纪念这位“柴圣”诞生140周年，此时已无人称他为“柴圣”了，自然也没有把这一天称为“柴诞”（柴门霍夫的诞辰），不过在世界语界有些人口头上还津津乐道“柴诞”的。

由“柴诞”不免联想到“圣诞”或“圣诞节”，这个语词指的是每年12月25日那一天即耶稣降生的日子，外国叫Christmas，这里Christ即耶稣基督，耶稣到了中国也“立地成圣”，他的生日因称“圣诞”。

任何社会都有将日常频繁使用的语词简化的意图和倾向，汉语自然不例外；不过汉字结构一简化，往往会产生原来料想不到的歧义，但说惯了却也就不致误解。例如“莎翁”、“托翁”就是尊称莎士比亚和托尔斯泰的简称；又是尊称，又是简称，却又专门化而为专用名词，如同时下人们尊称/简称巴金和夏衍为“巴老”、“夏公”（却很少听见“巴公”、“夏老”）。叫外国作家能仿“莎翁”、“托翁”的也很少——难道可以把巴尔扎克称为“巴翁”吗？难道可以把狄更斯称为“狄翁”吗？不可以。为什么那一个可以，这一个不可以？没有逻辑上的理由，只有约定俗成的理由。

约定俗成在语言文字的使用中，特别在构词中起的作用是绝对不能忽视的。

（170）翡冷翠。联邦德国有一部影片，中译名为《泪洒佛罗伦萨》——这佛罗伦萨是意大利的名城，英文、法文都作 Florence，现在意大利却称之为 Firenze，诗人徐志摩曾译作“翡冷翠”，可称一绝——这三个汉字多么令人神往呀，正如现实的翡冷翠这个美丽的城市令人心醉一样。翡翠，古称一种鸟，现称一种玉，看那字面就有一种美的感觉——诗人为适应原来的读音，中间嵌上一个“冷”字，加深了这个地名（在汉字转写中）的美感。这个城旧称“佛罗伦希雅”（Florentia），也许汉译由此而来——拉丁文 Flōrentia 即茂盛、兴旺之意，源出 flōr（花），取鲜花盛开的语义。

意大利地名的汉译是怪有趣的。罗马译自原读 Roma，不从英文 Rome（罗姆），但都灵却不从意大利原名——那应当是托林诺（Torino）而不是都灵（英文 Turin）；米兰在意大利称作米兰诺（Milano），而不像英美人称的米兰（Milan）。

地名转写是一个很复杂的问题，如果加上汉字本身的语感（褒贬、美丑），那就更加复杂。所以，“名从主人”也不易做到。

DIE ECLOGEN VERGILS
IN DER URSPRACHE UND DEUTSCH
ÜBERSETZT VON RUDOLF ALEXANDER
SCHROEDER : MIT ILLUSTRATIONEN

GEZEICHNET UND GESCHNITTEN
VON ARISTIDE MAILLOL

（171）语言悲剧。语言的分歧有时导致民族纠纷，民族冲突又加深了语言的悲剧。欧洲有比利时，美洲有加拿大，近来亚洲又出现了斯里兰卡。

据路透社报道（1989. 12. 10），斯里兰卡 1948 年摆脱英国而独立以后，在十年时间里英语一直是这个国家的办公语言（注意：办公用而不是一般交际用的语言），然后把占人口 74% 的僧伽罗语定为官方语言（注意：官方语言即正式语言，即在一切场合带有公事性质的交际必须采用的语言），这样引起了占人口 18% 的泰米尔人（操泰米尔语）的抗议。

因民族冲突引起的纷争局势，由于语言的使用加剧了危机。本来两个民族各有自己的学校，各以自己的母语教孩子们，官方语言一经确定，泰米尔人认为遭到了歧视。

报道说新近规定，“除了对儿童教授联系语言英语以外，还将为他们开设僧伽罗语和泰米尔语课程”，据说，“这将是促进国家一体化的第一步”。办法是——僧伽罗儿童在上学头六年里将学习泰米尔语，而泰米尔儿童则在头六年学僧伽罗语。

也许这不失为解决问题的一种措施。在多民族语社会中如何实施合理的语言政策，不只是语言学问题，还是一个政治问题。

（172）一钱不值。《国际歌》中的一句，旧译为“不要说我们一钱不值”，瞿秋白的译文和萧三的修改配曲（1939），都说我们（无产阶级）并非一钱不值；1958年有人提出异议，说是人的价值怎能用钱来衡量呢？所以改为现在的“不要说我们一无所有”。

“一钱不值”这样的语词意思是卑下、卑微、卑贱，却并没有以钱来衡量人的价值的用意。把俗语成语牵强附会成现代思维逻辑，那就不能不令人发笑了。

（173）7397。海外华洋学者常常提问：要认得多少汉字才能读中国文学书？答曰：7397。这个数字是近300万字的《鲁迅全集》输入微机后所得的用字统计，行话称为“字种”（《人民日报》1989. 10. 30）。1988年国家语委公布了通用汉字（即排字字架上所必备的汉字）7000，与此数相近。要知道鲁迅有一部分早期文章是用文言写的，还有一部分文章接触到古人人名地名，因此，7000字可能是一个读文学书的平均限量。一般现代文学作品，用不了这么些汉字，例如老舍的《骆驼祥子》全文输入微机后，只有2413个字种。2500—7000，也许2500（国家语委1988年公布的常用字表中一级常用字为2500个，当然不一定与这部小说所用2500个字完全相同）也是一个参照量。

（174）格林威治。报载："格林威治天文台的科学家们今天提醒说，当你们在12月31日午夜准备迎接90年代第一天的时候，请不要忘记把钟表向后拨慢一秒钟，也就是说，1990年将推迟一秒钟到来。"（1989. 12. 18）原来这个天文台用激光测量地球转动，发现了"闰秒"现象。

这个天文台是很有名的，坐落在伦敦附近泰晤士河边。这是个古老的天文台，经度即从这里开始计数，往东为东经，往西为西经。汉语一向译作"格林威治"——原文为Greenwich，英文地名有很特殊的读法，世代相传，没什么道理可讲的，这个地名的w是哑音，因此英国人把它读作"格林尼治"，而不作"格林威治"。是我们的先人们读错了。两年前，管理科学术语的权威机关，在发布《天文学名词》时已郑重宣布，今后汉语应写作"格林尼治"，不要再用"格林威治"。

可是美国也有一个地方以Greenwich为名，最近（1989. 12. 12）美国联邦地区法院审判号称旅店业"女王"偷税案，轰动一时，其人以偷税所得，耗资百多万美元，"在康涅狄格州的格林威治区营造了一座超豪华私宅"——这里译为"格林威治"，却是完全对的，因为w不是哑音，绝对不能以彼例此。

可见语言文字有着非常顽固的传统习惯，错了可不易改过来。

与此类似的英文地名，如二次大战遭受纳粹疯狂轰炸的英国Norwich，应读作"诺里治"，而不是"诺威治"

（同样因为这里的 w 不发音）；但在美国，也有一个同样写法的小城市，却念作“诺威治”（w 发音）。

（175）拉力和死硬。常看见汽车拉力赛的消息——几年前还有从巴黎到北京飞机拉力赛的消息。

拉力赛的拉力，不是接力，是 rally 的音译词，特指汽车根据指定路线，依照规定的条件，为了测试汽车的某种性能进行比赛的那种活动。梁实秋译为“汽车竞赛会”，港朗文英汉词典译为“公路赛车”，但新闻中则一般都使用了拉力赛这样的音译词。

《牛津字典》注明在公路上赛车的语义始于 1955 年（见两卷本补篇第 2654 页），可见还没有半个世纪的寿命。

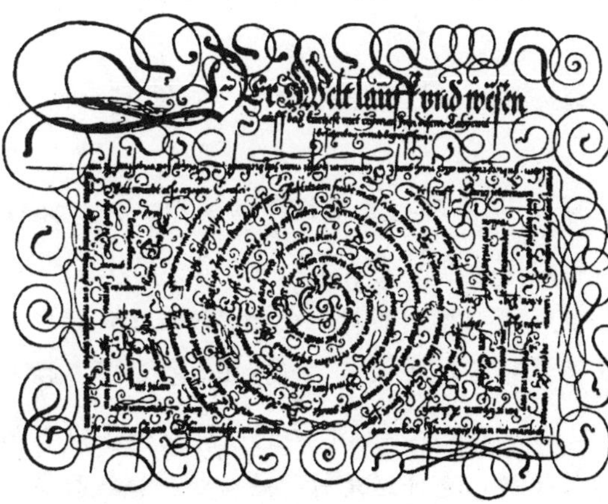

拉力赛使我联想起汉语的死硬派——死硬派一词可能也是“引进”的，英文 die-hard 就可直译为“死硬”。这个政治上极端保守顽固的派别——死硬派——据认为这个英文单字在 19 世纪 40 年代（1844）就启用了，我们的“死硬派”如果说是“五四”前后使用开的，那么，也有七十多年的历史，看上去好像是土生土长的语词了。

（176）流行语。台湾《中国时报》有一篇很有趣的文章，标题作《谁的舌头打结了？》（1989. 12. 11）。这里引用了一段女学生的话：

好逊！小莉的那管性子乱不上道的，早上找了两个老贼来抄家，我说他有够秀斗、阿达！伤脑筋吔！

除了“好逊”＝糟透了之外，加了重点的语词，我都不懂。

这篇文章有一段理论性的分析，也是很精彩的，请看：

生活用语原来是座不设防的城堡（按：说得对极了，人们随时随地都可以有新的创造——引用者），在这座城堡里，我们可以察觉一个社会的多元化程度（按：我以为看不出多元化程度。却看出社会的复杂性——引用者）；社会温度、湿度的高低，社会风气的一氧化碳含量等等（按：也许这是时代的烙印，海峡两岸的人们都喜欢使用自然科学名词术语，来叙说社会问题。准确地说，社会的温度和湿度究竟是什么呢？我不知道。至于社会风气会有一氧化碳而不是二氧化碳含量，我更加不知道。也许可以理解为，从社会流行语可以察觉一个社会在一定时期的习俗、习惯、风尚、风气……来。——引用者）。

（177）崩克。新近有记者描述在西德汉堡城所见的“崩克”（《世界知识》1990. 1）：

他们个个身着紧身的黑色皮衣皮裤，衣服、裤上钉满了亮闪闪的金属大纽扣，人人都剃着阴阳头，脸上涂

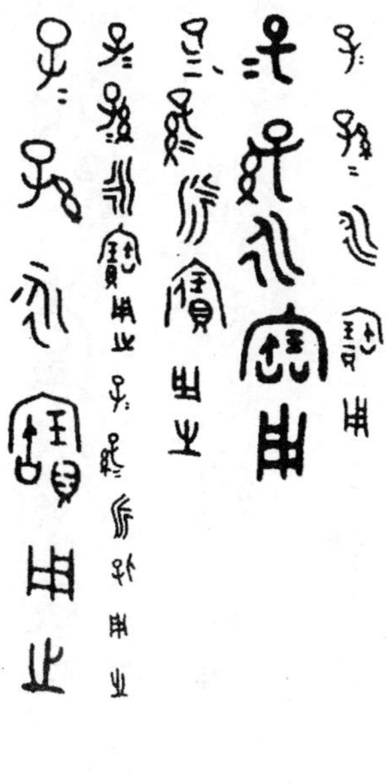

得乱七八糟。头发、面部、服装是“崩克”们主要下功夫的地方，因此，在这几栋小楼附近，“崩克”式服装店，“崩克”式整容室和理发厅都应运而生。有些“崩克”还佩戴一些别出心裁的装饰品，如一只耳朵上戴一个直径足有二十公分的特大耳环，或是一边手指上套着足有十公分长的指甲套，还有的把袖子或裤腿用刀割成一条一条的像拖布一样。

这就是七八十年代由“嬉皮士”发展而来的愤世嫉俗者，他们蓄意破坏一切旧传统、旧习惯，而代之完全令人感到“震撼的”（实际上是“恶心的”）模样。这些“崩克”们其实心地也不坏，不过看不惯西方社会千疮百孔，又没有找到出路，只好自我作践，自我陶醉罢了。

“崩克”译自Punk（日文音译作パンク），有一次我同《牛津大字典》主编Burchfield博士在牛津镇散步时，我说这字源出英国，他说不可能，一定从美国输入的——我举出当时伦敦《泰晤士报》上也说是出自英国俚语——博士仍不服气，他认为把英语搞得乱七八糟的，是美国人。妙的是古英文punk的语义为“妓女”，而美国人又把中国烧香拜佛的“香”称为punk（说见《美国传统词典》），真是不可思议了！

（178）“老兄”。近人撰文说，广州解放前称北方人为“外江佬”，绰号“老兄”——这“老兄”在广州念作laoxiong（“捞崧”），应是从英文northern转译的云云。窃以为大奇。广州话中确实有不少从英文音译来的语词，例如“恤衫”（shirt）、“打波”（ball）之类，但绝不能毫无根据地指认某些语词是从英文转来的外来语——广州人念northern，写成汉字，应为“挪辰”或“挪坟”（s或f代替广州话没有的th），而绝不是“老兄”。

港人把丹麦的cookie饼译作“曲奇”，要按广州音念才念得跟原文一样［ˈkuki］，现在这个语词已传到北方，却照北方方音念作qüqi，离开原文读法十万八千里了，但在北京，你到店里去买这种饼干，也只能念作qüqi！

（179）寅→辰。寅是中国古时计算时辰的一段，指夜间（即早晨）三时至五时；古时皇帝不知为什么，总是天还没亮就要视事，百官上朝不是早八九点，而是雄鸡初啼之际；故古语称：

> 一生之计惟在于勤，
> 一年之计惟在于春，
> 一日之计惟在于寅。

这几句格言似的东西在唐朝已流通，有趣的是到了宋时（从公元 10 世纪到 13 世纪），寅有时转为晨——也是早上，但没有指定时间了。例如：“一岁之事慎在春，一日之事慎在晨。”（邵雍语）但唐宋以后，使用这个格言时，书面语仍然常作“寅”，不作“晨”——看来直到近代（近二百年）西洋的时钟传入我国以后，人们不再使用干支系时，口语里才广泛地应用“一日之计在于晨”的说法。

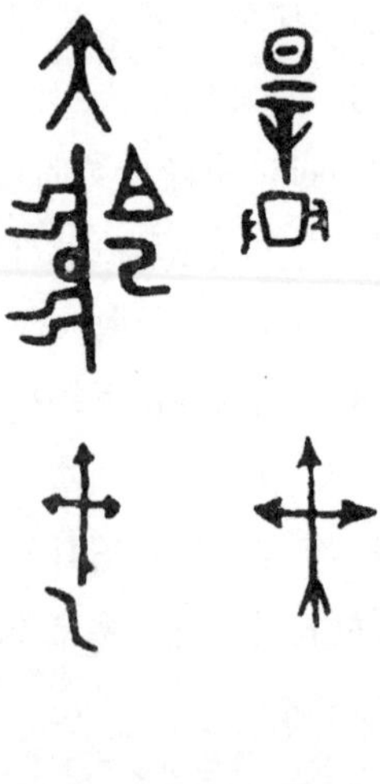

这只是推断——也是一种想象，拿不出“真凭实据”来。

（180）Ω。这是希腊文字母表中最后一个字母，读作“奥米伽”（Omega），语义是大写的（mega）O。日本学生有一个时期称男女之间性事为オナガ（Omega），犹如美国学生把原来泛称男女亲热（make love）专指性事一样。学生中间的流行语是到处都有的，有的只流行一阵，有的却能一代传一代——北京学生60年代流行“根本”，什么都是“根本”，现在却不传了。

至于日本学生称Ω为性行为，据说有一段曲折的语言转化。日本语“性交”读作seiko（セイコー），而seiko这个音又表“时计”，“时计”就是钟表—— 一个时期瑞士以奥米伽为商标的时计（手表）流行于世，故奥米伽在一个时期的学生中转为手表的代名词，因之seiko代以Omega——不说那么难以开口的seiko，而改称文雅的（隐蔽语义的）奥米伽。这样的现象叫做语言塔布（taboo），即禁忌。无论西方社会，还是东方社会，有关性爱的语词，很多时采取了塔布的手法，也许这是人在使用语言时的共性罢。

（181）软和硬。消息说，北京六月风波后，丝绸市场疲软。丝绸本来就是软的，丝绸市场的软，却不是丝绸质料那么一种软，而是买者不多，成交较少，市场疲软的反面是抢购——语言里却没有称市场硬的。

新近消息（1990. 03. 14）又说，芬兰政府决定向中国提供一笔软贷款。我们看惯软通货（通常指在国际金融市场上不能兑换的通货）和硬通货，却甚少见软贷款——这是政府给予发展中国家的一种长期低息的优惠贷款，它的对面是硬贷款，但习惯上并没有使用这样的语词。至于硬通货不是硬币，那就妇孺皆知，无须说明了。

近来在国内兴起软饮料，即不含酒精（如果汁和汽水）或少含酒精（如啤酒）的饮料，人们却不称酒类为硬饮料。

飞机迫降时人们努力要做到软着陆，不是硬碰在跑道

或地面上，否则机毁人亡——航天器的溅落，也是软着陆的一种形式。

软和硬，在当代语言中发生了与原来语义不相关的新的语义信息——这是一种新的语言现象：火车的软席和硬席，计算机的软件和硬件，经过一日沉重的工作之后想看一点软（性）读物，那绝不是黄色书刊，只不过是轻松的，使人感到愉快的读物罢了。

（182）对联。由于汉字是一方块一方块的图形，所以对联（几个方块对几个方块）是汉语一种独特的装饰物——用文字组成既有语义，又带着美感的装饰物。

因鸦片战争抗击英国侵略者而闻名的广东虎门——有这么一副被人津津乐道的对联：

烟锁池塘柳　炮镇海城楼

请注意上下联五个汉字都嵌有五行（金木水火土）"因子"：

火金水土木　火金水土木

而五个汉字联成一气，又有豪迈的诗意。

（183）"三 S"外交官。据说从前日本有"三 S"外交官——三 S 即三个以 S 开始的英文语词（请比较新闻学上所谓“五W”或“六W”，即五个或六个以W开始的英文语词），那就是——

smile——面带微笑

silent——沉默不语

sleepy——似睡非睡

面带微笑令人想起“口蜜腹剑”这句成语，沉默不语则仿佛是密云不雨的场景——即使打一个炸雷，也不动声色；至于似睡非睡，则是一种形似恍惚，实则保持清醒头脑那种精神状态。

也许这是在日本从前那样的社会里所要求的“公关”（交际）技术吧。

（184）三D。写完三S，就想起三D——这是昔日西方殖民者封给北京的“暗”语，它们是：

duck——烤鸭子

dust——尘土

diplomat——外交官

“无风三尺土，有雨满街泥”，那是旧时的北京写照，西方殖民者却不管这些，仍派遣外交官向“天朝”讹诈，在讹诈过程中，却也不忘王朝的美食——全聚德或便宜坊的烤鸭子！这也许证明，语言就是历史的“活化石”。

（185）反思。北京六月风波以后，处处都在“反思”——报纸，刊物，随处都可见反思这个语词——而在机关、团体、学校中，反思之声到处可闻。如果问近年现代汉语哪一个词儿最为流行，可以毫不迟疑地回答：反思。反思是80年代，特别是80年代后半期才从术语库中走进社会生活去的，尽管很多词典来不及收录它，它已遍行大陆。反思同反馈一样，流行得很快，很广泛，甚至有点出人意料。也许反思就是英文reflection的翻译——可是很多英汉词典中甚至还没有这样的对译，它多少带有反省的味道、沉思的味道、反复思索的味道、思考之后吸取教训的味道。总之，反思在现代汉语已经独立成词，有它独特的语感，绝不能简单称之为reflection的等义词，不，至少语感不是相等的；但如从中文译成外文，看来在一般场合也只好用reflection这么一个单词。

语词的语感（nuance）是一种非常微妙的东西，也许这就是表达最细微而又独特的语义的一种量度、方式。

（186）吨粮田。看了报上的标题“我国吨粮田超过千万亩”（1990. 01. 07），才确切明白。前些时电视听到却以为是“屯”“良田”。

吨粮不是“屯良”，吨粮田是“亩产达到或接近一千公斤”的田——一千公斤为一“吨”，把吨字放在粮田一词之前，这是一种独特的结构。与吨粮田相类似，有所谓吨谷村、吨谷乡、吨谷县。谷者粮也，不称吨粮村而称吨谷村，这又是另一种约定俗成，或者由于某些记者或某些干部的口语习惯。

这使人记起“大跃进”时代的“万斤田”，我还去参观过“万斤大学”——据说这个“大学”所养的牲口都有万斤重。我那时曾问校长，“可有万斤鸡？”他断然回答：“当然会有。”我说，“万斤鸡岂不变了大象？”他说“就是这样”，一点也没有觉得说大话的可笑。

但愿时下的“吨谷”村、乡、县、省是名副其实的，别再在字面上下功夫了。

（187）厄尔尼诺。伦敦电（1990. 01. 14），科学家认为地球转暖的原因，同埃尔尼诺现象有关。

埃尔尼诺系 El Nino 的音译——前不久报刊已译作厄尔尼诺；忽然又有报刊作尼诺（把前面的冠词 El 省略了）；翻译的《简明不列颠百科全书》却作爱尔尼诺（卷1，第 261 页）。

埃尔—厄尔—爱尔，六个汉字，三种写法，表达的是同一个音，也就是西班牙文定冠词 El。西班牙文 Nino 是婴儿之意，Nino Jesus 是婴儿耶稣，通译为“圣婴”。据说，

这种洋流现象常在圣诞节前后发生，而且是在阿根廷附近海域出现的——对渔业和世界气候都有不良影响。

这样的语词，应当有个标准的写法——其实报刊或通讯社把原文及译文输进电子计算机，下次出现就不必另起炉灶——而且方便读者了。这也是一种“便民”措施罢。

（188）似懂似不懂。近年报刊上有些语词使人困惑——说不懂，却也懂；说懂，其实不懂。请欣赏一下：

“他自身的事迹和遭遇，就有着很大的独特性和震撼力”——有很大的震撼力，这似懂得；很大的独特性，是什么呢？很怪？很别致？很不寻常？“独特性”已似懂不懂，何况“很大”。

“精心选择和组接素材”——精心地去选择素材，同时也精心地把选好了的素材组织起来，是这个意思不？那么，组接是什么？组织，接触，剪接，还是……

“博得了读者对传主的认同和关注”——“传主”即传记主人翁，似还可以懂；读者如何去认同传主呢？似懂似又不太懂。

“作者站在今天历史的高度去回顾……从中找到历史的启示性和参照值”——今天历史的高度究竟是什么高度？是今日对历史认识的高度，还是历史发展到今日的高度？或者是拿今日的标准作为标准去回顾历史……似懂，却也说不好。历史的启示，好懂，“启示”变成抽象名词：“启示性”，历史的启示性是不是等于历史的启示？历史的参照值，也不太懂——参照值是一个自然科学名词，做参照实验所取得的数据，那么，历史在什么地方去做实

LE CHEF-D'ŒUVRE INCONNU

treſſaillir et rougir de honte, car ce jeune adepte

avait la fierté du pauvre. Prends donc, il a dans ſon escarcelle la rançon de deux rois!

Tous trois, ils descendirent de l'atelier et chemi nèrent en devisant ſur les arts, jusqu'à une belle maisor

验取得另外的数据呢？又不那么懂。

似懂，似不懂的语词——叫做什么呢？也只能叫做似懂似不懂的语词罢。

（189）国际女郎。苏联出版了一部小说，引起内外议论纷纷，书名就叫做《国际女郎》（*Интердевочка*）——一听就知道是同“吉普女郎”（Jeep girl）差不多的被侮辱女性。这个字的字头是“国际”的缩写，字尾是“女孩子”（女侍者的别称），它是流行语，也几乎同改革和公开性那样进入国际的语汇库了。

见到这个俄文字，不禁想起“Интурист”（国际旅行社）一字。50年代初，莫斯科飞机场候机室有那么一张小桌子，后面坐着一个帽子横标写着这个字的、穿制服的人，往往是面无表情，看上去忙碌得连答话也顾不上，有时颇令初到社会主义苏维埃国土的人惊讶不迭，然后火冒三丈。好，现在“Интурист”（Ин—就是“国际”一词的缩写。турист意思就是“旅行家”）不见了，现代化了，却出现了Интердевочка——世界在变动着，不论你愿意还是不愿意，不论你喜欢不喜欢，代表新事物的新词汇突然涌现，这就是语言的现实。

（190）人均。“人均”即“每人平均”的缩写——注意不作“每平”，而作“人均”，取其主题语义：人即一个人，每一个人；均即平均；而“每平”则难于想象那主题（人）。

当社会生活的节奏加快，而某些常用语词反复出现的时候，人们自然而然采用了压缩的办法——在汉语，则采用压汉字的办法，它不如拼音文字采用每个单词头一个字母构造新词的办法那么简便（例如UN就是联合国，UNESCO即联合国教科文组织，NATO即北大西洋公约组织），那种缩写西方也有个专门术语，叫做acronym。

上例中汉语“教科文组织”的教科文也是压缩了的语词，意为教育、科学、文化；而“北大西洋公约”则汉语可压缩为“北约”。西方压缩法不能望文生义，比方MIRV这一个语词，谁能看出它是“多弹头分导重返大气层运载工具”的缩写呢？——汉语对它也没有办法，总不能写作“多分重

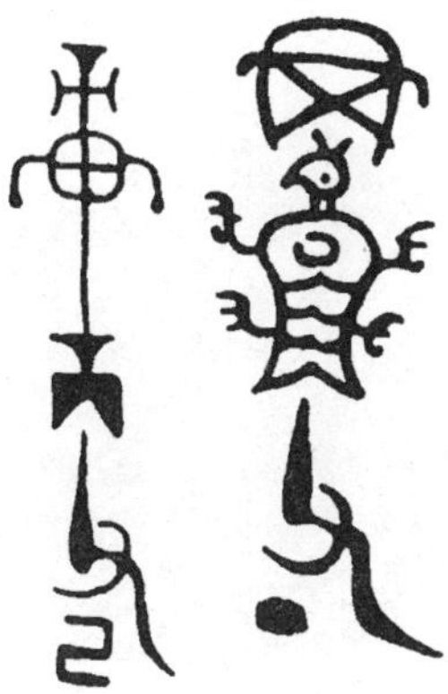

运”罢。汉语的压缩语有个优点，即可“望文生义”，不过也可能带来麻烦，也许会生出了不是本意的语义。

（191）叠字迎春。马年迎春，电台、电视台、报刊、演讲中使用了一大堆叠字，请看：

安安全全
干干净净
高高兴兴
丰丰盛盛　　过好90年代第一个春节
平平安安
欢欢笑笑

使用叠字构成四言短语，是现代汉语一种特有的语言现象。用得好，用得适当，可以加强一种语言气氛；用得不贴切，则有一种造作的味道，“各方面的工作”，何必说成“方方面面的工作”呢？

（192）ABC。日本报纸报道了各国人民反对“ABC武器”的消息，这样，拉丁语言系统字母表头三个字母，又多了一种时代的语义。

“ABC 国家”曾经是 20 世纪两次世界大战之间流行一时的语词，它意味着拉丁美洲阿根廷（Argentina）、巴西（Brazil）和智利（Chili）三个大国。这三个国家只有巴西讲葡萄牙语，其余两国讲西班牙语。

现在的这个“ABC 武器”，则是第二次世界大战以后才创始的新语词，它意味着原子武器（Atomic）、生物武器（Biological）和化学武器（Chemica1），三种武器的英文（以及拉丁语系很多种文字）的第一个字母就是 ABC。

ABC 武器中的第一项，原子弹已经给人类“展示”过它的残暴，B、C 武器也在美国对朝、越的侵略战中“展示”过它的残暴，90 年代是彻底消灭这些绝灭人类、绝灭人性的武器的时候了！

（193）癌。前不久，一部台湾电影片剧中人患“胃癌”，读作“胃 yán”——一听就知道是台湾省的读法，我们这里 50 年代把“癌”字改读ái，“胃ái”就是“胃癌”，大症；“胃 yán”却是“胃炎”，小病。胃炎、肺炎、肠炎的炎，都按原来读法 yán，而将胃癌、肺癌、肠癌的癌，改读ái，以示区别——已经 30 年了，社会生活已经习惯了，不觉得刺耳了。这是人工干预自然语言一个非常得人心、受人拥护，因而是成功的例子。台湾省没有改，

故仍读作 yán。

同这个例子相映成趣的是“荨麻疹”中的“荨”字。这种病是常见病，也许就是“风疹”，也许医学上两者不完全一样，但一般都认为荨麻疹即等于风疹。这个“荨”字字典读作 qián——假如你去医院门诊部听一下，人们都不念 qián，却读作“xún”，即把“荨”念作“寻”，人们都说“xún 麻疹”，很少人读“qián 麻疹”。我想，总有一天要顺应人意（“约定俗成”），连字典也不得不改为“今读作 xún，本应读 qián”。

人工干预是语言运动的一个方面，约定俗成是另一个方面。人工干预只能是少量的；约定俗成可是大量的，约定俗成之后加以人工调节，这就是规范化过程。

（194）古人说话。电视片中凡是古人说话，大都是文绉绉的，谁也听不懂。——其实那不是说话，只不过是念古书，而且用今音念古书。古人真的就那么说话么？就算古人说得那么“简洁”，上了今日的荧屏或舞台，也该“译”成现代话才能使观众听懂。如果下决心不叫观众听懂，那又作别论。既然外国电影都必须“译”成普通话——术语称“配音”——古人说话难道不可以译成今日普通话那样说么？有作者在报刊上说，古代皇帝说话，也绝不会字斟句酌地做秦汉文章。野史、稗史之类的闲书照直记录皇帝的话，“粗俗”不堪——但那确实是说话，不是念古书。请看野史记下的皇帝“圣旨”：“吩咐上元县抬出门去，着狗吃了！钦此！”

古人说话经过文人之手，转换为文言，印成书籍；今人该把这书中的文言，转换成白话，用今音讲出来——这样，只有这样，才能达到信息传递的目的。

（195）进口“物资”。日本最大的进口物资是什么？

日本国语研究所说，是外国字——外来词。

据它统计，日文字典里每十个词目起码有一个是外来词——我看不止此数。也是同一来源，据说一个普通日本人的词汇中有3%是外来词——我看也不止此数。

有人说，不懂英文去读今日的日文报刊，简直是缘木求鱼。这样说也许有点夸张，但是谁翻看一下日文报刊，他就会发现满纸片假名。

片假名是日文接受外来词最方便的工具：一看用片假名写出来（而不是用平假名），那必定是外来词无疑。

如果说，当今日本最大的出口物资是家电产品和汽车，那么，可以毫不夸张地说，当今日本最大的进口物资是外来词——它绝不会造成贸易逆差，却会使语言受到污染。

（196）新潮。新潮一词是70年代末到80年代在香港兴起的，它的语义是“摩登”、“时兴”、“时髦”、“新款式”、“新方式”。如“新潮服装”之类；新潮这个语词随着80年代开放政策的逐步深化，进入了内地，内地从80年代中期开始，在一部分人当中也大谈其新潮了。

在现代汉语，新潮却不是个新构成的语词——“五四”时代就出现了，那时的新潮却是新的历史潮流之意。

20年代在北平兴起的“新潮”，到70年代在香港借用的“新潮”，又回到80年代北京一般口头语中使用的“新潮”，语义变了又变：这个语词可以说明语言运动的一种模式。

与此相类似的还有摩登一词——13世纪汉语出现的摩登，是从梵语译来的（“摩登伽”），到20世纪汉语使用的摩登，却是从英语译来的（“现代”）。所用的汉字虽然一样，且都是从外国语译借来的，但意义却迥然不同。

这也是一种语言运动。

（197）人和书。纳粹焚书五十周年时（1983. 05. 10），联邦德国法兰克福市（这里每年举办世界上最大规模的书展）工会举行过群众集会纪念这现代的焚书丑行——大会的横幅引用了诗人海涅的名句：

凡是焚书的地方，最终将必焚人！

（Dort，wo Man Bücher verbrennt，

Verbrennt Man am ende auch Mens chen.）

诗人的箴言多么好啊——历史是最好的见证。

我想改一改这句名言：

世间焚书者，最终必自焚！

人和书——人焚了书，最终必焚人，而最后的最后却必焚了自己，纳粹焚书就是例证。

这叫做搬石头打自己的脚。

（198）你家父。有一个电视片的对白：

“你家父在家吗？”

“我家父出去了。”

把“你家父”误解作“你家的父亲”，由是派生出“我家父”＝“我家的父亲”，这是有些不熟习语言习惯的人不知道语言中有一种表语感的附加成分。这里的“家”

不是“家庭”的家，只是一种谦称；最初也许就是家里的家，实称；后来转化为谦称，虚称。

从前叫自己的父母：家父、家母。

从前叫自己的爱人：贱内。（内＝内子，主持家中内务的人；外子是丈夫，主持家外事务的人。）

有谦称就有尊称，也得加上表语感的附加词，比方：贵处、尊夫人、令尊（＝你的父亲）、令堂（＝你的母亲）。

所有这些都是等级社会保存着的旧习惯，语言就按着等级社会的社会规范来调整和创造的。

难怪现在年轻人在打破了等级的社会中，不知道也用不惯这一套旧语词了。

但是以编排语言为职业的“杂家”（编辑），应当懂得。

（199）“隐语”。新近英语出现了一个新词：doublespeak。一般字典只有一个类似的语词，double-talk。姑且译为“隐语”，意思是语义“隐”藏在语词的背后，不能按照字面的语义去了解。上海新出的《英汉大辞典》收了这两个字：

- doublespeak——假话，欺人之谈；（故意说得）夸张而含糊的话；
- double-talk——似有意义（或意义晦涩）的空话；（故意说得）夸张而含糊的话。

港版《朗文（粤方音译“Longman”）字典》中double-talk的释义不无可议之处，它说：（非正式）煞有介事地谈论（实则无甚意义）。梁实秋译《牛津字典》这一条却近乎事实，他写道："反语；所表示的意义与字面意义相反或相距甚远的谈话。"

这条释义近于第二版（1988）的《牛津微型字典》，它说double-talk就是"所表示的意义与字面上的意义很不同的谈话"。

美国一位教授卢茨（W. Lutz）举出一些例子来抨击这种"隐语"——比方，当航天飞机"挑战者"号因空中爆炸，七位宇航员都牺牲了，关于这个事件，宇航当局称之为：

anomaly 反常（事件）

飞机在空中爆炸被称为"与地面失去接触"，核能电站爆炸被称为"能源瓦解"。教授说，1977年五角大楼提议拨款制造屠杀生命而保住物资的"中子弹"时，称之为"一种加强放射装置"。

其实这里说的"隐语"，只不过是"委婉语词"的一种，多半是政治性的委婉语词。

前几年我们有"待业"青年这样的创造性语词，以表示并非失业，只不过待业——辩者也确实理由充足，青年人还未就业，何来失业？只不过等待就业，故曰"待业"。

"落后"被称为"后进"，进步还是进步的，只不过稍为后一点而已。这也是一种"隐语"。

（200）斗嘴。台湾女作家玄小佛写斗嘴，真可谓到家了。斗嘴，不是吵嘴，不是口角——而形式上又同吵嘴和口角一样。一对恋人，彼此信赖到极点，而又各自具有刚强性格，一见面就斗嘴，如玄小佛在她的短篇小说《落梦》中的戴成豪和谷湄那样耍嘴皮：

“我真不懂，你怎么不能变得温柔点。”

“我也真不懂，你怎么不能变得温和点。”

“好了……你缺乏柔，我缺乏和，综合地说，我们的空气一直少了柔和这玩意儿。”

“需要制造吗？”

“你看呢？”

“随便。”

“以后你能温柔就多温柔点。”

“你能温和也请温和些。”

“认识四年，我们吵了四年。”

“罪魁是戴成豪。”

“谷湄也有份。”

“起码你比较该死，比较混蛋。”

乍看，斗嘴斗得这样厉害，而其实又相爱得那么厉害；这有点同古罗马大诗人奥维德（Ovid）在那部奇书《爱经》所写的相矛盾。奥维德书第一卷写道：

> 爱情的食料是温柔的话。妻子离开丈夫，丈夫离开妻子都是为了口角；他们以为这样做是理应正当的；妻子的妆奁，那就是口角。（诗人戴望舒的译文）

上面已经说过：斗嘴不是口角——天真无邪的斗嘴正是奥维德所说的“爱情的食料”。

《红楼梦》有很多精彩的斗嘴记录，可以证实这一点。

（201）日夜。外国包装用的胶袋，常有很生动的广告文字，不都是死板板只印一个商店名称的。我手头一个胶袋是港地的 OK 店的，胶袋上写道：

OK 便利店
Night and Day 分分钟 OK

请不要忘记香港是使用英文为主的地区——现在公用语虽号称英文与中文，但使用英文的场合是很多很多的。这句宣传用语左边的英文意译是“日日夜夜”，右边的相应译文却是生动活泼的：分分钟 OK——“分分钟”即每分钟，OK 店每分钟都为你服务，这不就是我们这里说的“日夜服务”或“昼夜服务”（即英文 Night and Day）了么？

日和夜——这里又是一种有趣的语言现象。先说“夜”（night），后说“日”（day），也许因为白天工作不稀

奇，白天工作以后晚上继续不断地工作，那就稀罕了，故习惯上把“夜”放在显著地位（先行地位）。中文最初也是“夜以继日”为序的，《庄子》云：“夫贵者，夜以继日，思虑善否。”《孟子》云：“……其有不合者，仰而思之，夜以继日”，日间想过了，没结果；夜里睡不着了，还是想；想不出结果来，白天又继续想。这是两千年前的说法了，到了唐朝韩愈，他变了个说法，“苦心焦思，以日继夜，苟利于国，知无不为”。看来 8 世纪的这位文人（距今已有十二个世纪了），是个忧国忧民的爱国主义者，想呀想的，日想夜想，只要有利于国家的都干。他把日夜的词序倒过来了。后来人们也说“日以继夜”。夜以继日，日以继夜，不能说哪一个词是最正确的，语言少有绝对的东西，绝对主义在语言表现上是无能为力的。

后　记

收在这本小册子的最初一百条随感，曾在一个杂志连载，意外地受到海内外读者的欣赏，其中还包括几位我所尊敬的前辈学者的鼓励，但我终于写上“拜拜”两字搁笔——这就引来好些不相识的知心朋友的“抗议”。专栏已停，不能“复苏”；于是我只好悄悄地写下去，又得一百零一条。三联书店京、港主持人都怂恿我将这一堆随感汇编成书——并且同意我的建议，每页都酌加一些装饰性插图，以便掩盖我信笔写来不成体统的文章的单薄。这样，我就在病榻上编成这部小书。

我一向认为语言、乐音、雕塑、绘画、建筑，其实彼此是相通的——都是传递信息的媒介。《长恨歌》《木兰辞》《命运》敲门那四个音符、《思想者》的姿态、甲骨片上的卜辞，还有铜刻、碑刻和岩画上的形象，常常在我的大脑中浑成一体——这是语义信息和感情信息的混合，也就是哲人罗素所谓充满了信息的电话簿所不能传达的信息。我从我手头的材料中选取了几百幅与随感并无直接关系的图片，插编在小书里，也许某些形象会引起读者某种联想，——而我却并不——但愿他们只作为“浑然一体”的美的享受，不去深究也罢。

所选各图，大都是线画，取其在不光滑的纸张上也能印得出个样子来。读者不难发现，所辑图片不免有点厚古薄今的味道：传统文化中的殷周秦汉，甲骨金文，碑刻石刻（可惜没有勾出一些岩画来），海外的则有玛雅、阿兹特克古文书、希腊埃及古图案以及文艺复兴前后的书籍插图。够古的了。古得美，够装饰味，所以选取了；但也有几张现代主义的作品，如毕加索的，——恕我冒犯了——也很够装饰味。至于带有什么语义信息或感情信息，我也说不上。这里只能请美术家、装饰画家、考古学家以及语义学家们原谅我的胡编了。

忽然记起一海外学者曾向我说过：中国的语言环境好到不能再好，语词的丰富简直无与伦比。编完这本小册子，才体会到信哉斯言也！是为记。

作者

1990年4月5日

图片索引

页码　图题和 / 或出处

重返语词的密林

Ankorau venos printemp...

Multaj belaj printempoj！

——Julio Baghy

春天还会来的……

还有许多美丽的春天！

——尤利·巴基（巴金译）

“我回来了”

若干年前我在《读书》杂志上开了一个专栏，名曰《在语词的密林里》，每期写那么几则札记体的闲文，写到一百条时，我就以“拜拜”跟读者话别，然后到海外游逛了一阵。海外归来，一堆“抗议信”送到我手里，我至今保留着好些亲切的来信，其中一封短简写道：

不瞒编者，每逢带着墨香的《读书》放在我案头的时候，我总是先看《在语词的密林里》。去年第12期忽见“拜拜”一条，不禁惘然若失，犹如一个朋友突然离我而去，而我竟不知缘由何在。据作者说，已到岁末。只是岁末岁首两相逢，读者也未必看腻，至少我是越看越有劲。何况日前正值造林季节，佳木恶竹层出不穷，万望作者别说“拜拜”。

好一个“佳木恶竹层出不穷”！但是我已经说了拜拜了，虽然很被读者亲切的声音所深深感动，也只好歇息了。当我带着一部从海外得来的珍贵画册，拜望我所尊敬的长者夏公（夏衍）时，他一见面就责备我说拜拜，表示了与那位读者同样的心情，并且督促我写下去！于是我再写了一百条，不过不好意思再占杂志的篇幅，只是连同原先的一百条，辑成小书一册面世。

一晃又过了七年，可敬的长者已西归了，但他督促的声音却仍在耳边盘旋，而我自己好像步入老年痴呆境界了，于是横起心，重返旧地漫游。这回不说拜拜了，学老外说一声：嗨！

嗨！——仅仅一个音节，表达了多少语义，多少感情，天晓得！

一、搞和垮

夏公的《懒寻旧梦录》有一段有趣的记载：

> 不久前胡愈之同志问我，你是不是在桂林“造”了两个新字？一个是“垮”，一个是“搞”。我承认，这是我根据实际需要而试用的，但不久，这两个一般字典上没有的新字，就被其他报刊接受了。（第 440 页）

字是人造的。人人都可以造字，人人都可能被称为仓颉。但是造出来的字能不能被公众认可，能不能被社会接受，那就是另外一个问题。如果被社会公众接受，那么，造字的人才有可能成为仓颉。

“搞”和“垮”这两个字，确实一般字典没有收录，但解放后第一版《新华字典》倒是收了的，“搞”的一个用例是“搞通思想”，“垮”的一个用例是“打垮美帝”。

这两个字的这种语义和语感，都是新赋予的，经过大约两个世代的运用，正所谓约定俗成，现在人们觉得它们是古已有之的了。这就是说，这个创造物被社会公众接受了。二十年前，我以为“搞”字是在解放区造的，我错了。在桂林时，经常见到夏公，竟不知夏公的新创造，其愚不可及也！

我曾把“搞”字称为“神奇”的单词，神奇的多语义和神奇的语感，这正是创造。

“把国民经济搞上去！”这里的“搞”跟“搞点东西来吃”的“搞”，语义完全不一样。至于“搞掉他”的“搞”，带有恐怖分子的味道，那跟“乱搞男女关系”中的“搞”简直有天渊之别，后者的语感绝对不带丝毫的杀气，反而有点不太正经有点浪漫风流的味道，不可多说的。

这几年流行的“搞定”（或写作“搞掂”）是我所说的“南词北伐”的例子，它是从南方（香港）人传到北方，进入普通话语词库的。粤方言：[dim]，直也。把弯弯曲曲的东西弄直了，就是“搞 dim”。“定”是说普通话的人或泛称北方人的讹音，因为北方话没有 -m 结尾的音节，故将 m 念作 ng，于是［dim］变成［ding］。

二、性爱

只有现代汉语把“性”跟“爱”这两个字组成一个富有现代语感的语词：“性爱”。而在西方现代语文，却没有这样一个合成词。比如英语有两个独立的字，sex（性），love（爱），绝对不能合成一个字 sexlove。

即使在现代汉语里，“性爱”这个语词也是近年才出现在书面语和口头语里的，改革开放以前的字典词典里，一般也没有收录这样一个合成词。这显示了社会生活中关于性和爱的观念悄悄地起了某种变化。

大约两千年前，我们的先人倒是很开通的，经书中居然有“食色，性也”的说法，把食欲和性欲坦然并列，一点也不隐蔽，一点也不害羞，我们的圣人在这一点上确实是很超前的。不过先人们也没有明确性和爱表面上是两码事，实质上却又是一码事的观念。

西方有所谓灵和肉的冲突，在某种意义上就是被人

理解为爱和性的冲突，于是世间很久以来就有所谓“柏拉图式恋爱”——没有肉欲的爱情，纯粹精神上的恋爱，只有心灵的交往而没有肉体的接触，据说

这才是恋爱的最高境界。我很怀疑世界上能否有纯粹的心灵相恋，也许那不该称为爱情，也许只能称之为最高的友谊，最美的友情，而并非男女之间的恋爱。

现代汉语的“性爱”表达了现代意识：没有性欲的爱，只不过是友爱，即最崇高的友谊，那当然是很值得称赞的，但那不是通常意义上的爱，即男女之爱。爱的升华必然要达到性的领地。狂热的爱情，最终一定表现为肉的交流。

自然，反过来说，没有爱情的性活动，只不过是一种动物性，或者说是一种动物的本能。

对于文明人来说，性跟爱是共生的。所以现代汉语这个语词是聪明的文明人的现代性语词。“二战”后美国英语出现了“make love”，即“做爱”。做爱不是创造爱情，更不是柏拉图式的恋爱，而是进行性活动，有点像我们的语词“性爱”的那种味道。

三、881或“八八一”

在台湾，据说社会上把最年轻的一代称为“x世代”或“y世代”或甚至“z世代”，即如“二战”后美国将年青的一代称为“垮了的一代”一样。

又据说x世代也好，y世代也好，z世代也好，都流行着一些怪里怪气的语言，口语或文语（书面语言）都有。

我们这里也有着同样的语言现象。年轻人当中常常流行着一些外人一时不能明了其语义的语词。

这些流行语，大多数经过一段时间以后就消失了，或者说，就不再流行了。但是一定会有很少的几个进入这个语言群体的通用语汇库，一直流传下去。

每一个行业可能都有一些流行的行话。但是产生新语汇最多的则是年轻人——学生、青年职工或者其他年轻的"一族"。

世间唯有青年人的创造力和想象力最丰富，他们硬是在无法进行创造的事物上造出彼此能相通的东西来。

青春万岁！

据说在台湾 xyz 世代中——特别是在网上——流行着一些数字，通过这些数字表达语义，或者说，采用某些数字符号来表达语义。这在社会语言学上叫做"非语言交际"，即 nonverbal communication。

人们举出这样的例子：

881=byebye 再见。拼音为 ba-ba-yi，把 ba-yi [bai] 读快了，拼在一起，就成了 bye。

596=我走了。取三字的首发子音 wu-jiu-liu（五九六）中的 w-j-l 而拼出（或想象出）"我走了"（wo-zou-liao）——不过普通话的"九"跟"走"的首发子音（j 和 z）是不同的，这里存在一点点音误。

但在这些流行语中，为什么 520 表达"我爱你"，530 表达"我想你"，则我百思不得其解（也许"2"、"3"也取谐音），可见我老了，落伍了，追不上时代，正所谓

“匪夷所思”了。

但毕竟年轻人是可爱的，应当向他们说一声：520！

四、网上笑容

您上网了吗？

世纪之交，上网不只是一种时髦，也是一种乐趣，且不说万里之外一两秒钟就可互通信息了。

如果您在网上发现一些符号，别慌，那不是病毒，只不过是开玩笑罢了。比方您看见这样一个符号：

：–）

瞧！这是网上笑容。那个冒号 : 是两只眼睛，短横 - 是鼻子，那个单括号) 是嘴巴。不信？请您把这张纸旋转九十度看看。像不像一个人在笑？还有——

:-（或者：->

简直是苦笑，或者笑得很不自然。也有笑得张开嘴巴的怪相：

:-D

要是您想告诉您的网上朋友说您绝对保密，“把嘴巴封起来了”，那么请您打上——

：-x

x 就像用胶布把嘴巴封着的样子。若果把小写的 x 换成大写的 X，那么就应理解为“接吻”：

：-X

为啥接吻跟封嘴巴有相近之处呢，也许接过吻的人能说出道理来。而接吻也有写作：*的，看！吻得连鼻子都不见了。

如果把鼻子下面的符号换成@（：-@），据说那就表示“我发誓”的意思，为什么？我不知道。

所有这些符号出自美国威斯康星大学的大卫·山德逊所编符号集——它被人戏称为韦氏笑话大字典。

美国人，美国学人，大都很幽默，很乐天，总是有办法寻笑料。

五、拉长

有朋自海外来，多年不见了，却没头没脑地向我发问：老兄，我在你们一部电视剧里听到的“拉长”是几品官员？

拉长［lā cháng］，不就是把短短的什么东西拉［lā］到长长［chángcháng］的么！“官谱”中有我们熟悉的部长、局长、处长、科长，铁路上有站长、段长、列车长，小学校里有班长——对了，还有路长（放学时负责带领一群走同一路向的同学回家的一个同学），银行里有行长——哎哟！这许多“长”不念长短的“长”［cháng］，却念长辈的“长”［zhǎng］，正如上面那个“行长”的“行”不念“行路难”的那个“行”［xing］，却念作 háng。

那么，“拉长”的“长”念作 cháng 还是念作 zhǎng 呢？

想了又想，才记起几年前有一部电视剧，名叫《打工妹》的，一个电子玩具厂的一位女工被提升为“拉长”或“助理拉长”。

客问：对了，对了，那么“拉长”是什么话呢？

我说：拉长中的“长”是道地的中国话，“拉”是外国话，吸收一个外国字的语词，当然也是中国话。

拉，粤方言读作［lai］，是英语里的 line 的音译（把 n 省略了的音译词），英语中 line 就是生产线的“线”。那位女工被提拔做一条生产线的负责人了，故称“拉长”。

客人苦笑点头自语：我怎么没想到？

粤方言保存了汉语的很多古音（中古音）。恐怕多少年前，汉人——我们的祖先从中原迁徙来粤，说着当时的汉语（当然是古音了），后来中原地区的汉语发展了，音调简化了，原先的入声不知不觉消失了，而流落在粤的汉人，由于关山阻隔，照样说着他们的古音，所以直到现在，粤方言仍然保存着古音（例如入声）。我在论述岭南文化（岭南地域文化）时，曾说过粤北的大庾岭起过某种屏障作用，跟这有点关系。

请看，现今普通话里同一个 la音的三个汉字，在粤方言里保存了中古音的三种不同念法：

	中古音念作	粤方言念作
拉	［lep］	［lai］
蜡	［lap］	［lap］
辣	［lat］	［lat］

六、线

上面提到“拉”即“线”。“线”字有很多用途，也应当说是一个神奇的字眼，也是一个构词力很强的单字。

战线、阵线、前线、路线、黑线、红线、内线、外线、热线、曲线、天线……

还有生产线、贫困线、有线电视、无线电话、科学上的线性或非线性……

难怪前年英国发生词典大战前后出版的《柯林斯字典》(就是敢向老权威《牛津字典》挑战的那一方)，“线”(line)一字竟罗列了54个义项。

在那荒唐的十年(就是叫做“文化的革命”的那十年)，我们这“一族”大多被目为“黑线人物”——据说有那么两个司令部，一个是红线，一个是黑线，现在理论家说，这是对形势的错误估计和判断。不错不错，普通人却宁愿说这是一种幻想狂病症发作。

其时，造反派头头和什么宣传队头头，反复对我说：你是踩线人物，推一推就是敌我矛盾，拉一拉就是人民内部……哦，踩线！原来我踩了一条幻想中的线。我运交华盖，竟然正好踩在（站在）革命与反革命的分界线上。而且推一推就——进入无边苦海。我那时真想问一句：那你为什么一定要把我推过去呢？但我始终不敢问；要是我问了，我肯定被推下深渊，此刻也无法再回到语词密林里饶舌了。

七、管道

新一轮海峡两岸对话开始了，这当然是九八灾年的一个可喜的信息。境外评论说，这是“在两岸正式交流管道已告废弛的情况下”（港刊），志在“重建两岸制度化的协商管道”（台报）。

人们注意到，境外传媒大量报道和评论这个正在启动的“管道”。境内的传媒则称之为“渠道”。

一边是“管道”，一边是“渠道”，其语义一也。

这就是社会语言学所说的语汇因地域不同而发生的变异。

《现代汉语词典》（修订版）中“管道”只是一根管子，用来传送水呀气呀油呀什么的，没有境外所引申的释义（＝渠道）。而“渠道”一词则有二义，除了作为水道的语义外，还有作“途径”的引申义。

说来可能你不太相信，这两个语词（引申义）都是外来语。外来语不等同于一般意义上的借词，既不是音译借词，也不是意译借词，但将管子或水道引申为一种途径，一种通道，是从英语的channel来的。此字在现代欧洲语言中，即不限于英语，都有此义，或者都可引申为途径。

语言学家萨丕尔（Sapir）有个著名的论点：世界上没有一种语言是自给自足的。信哉！

八、热

我曾经生造过一个语词：热词。

热词当然是一个谁也不懂的东西，应该进语词病院。热词的生成是仿照热门、热点、热恋，以及科学上的热寂论，或新近出现的热点文学之类“创造”出来的。

体温比正常高，叫做发热，俗称发烧。发烧语义引申，便是热爱得不可开交的程度，于是时下有所谓“发烧友”之说。发烧友专指那些可爱的先生女士们，他们和她们对音响设备爱得发狂，或者不如说讲究得发狂，买个音箱花上十万八万，“弹指一挥间”。有人不以为然，竟冷冷地说，他们爱的是机器，不是音乐。发烧友听了笑一笑，说，没有好机器，能听绝对纯真的音乐么？公说公有理。至于我，我发烧不起来，因为我领养老金，没有足够的$。

近年两国之间建立“热线”电话，则是人人都晓得的了。西方一些词典说，热线一词是50年代冷战时期才出现的。据说那时两个超级大国设立了这么一条热线电话，以便出现紧急情况时两国元首可以直接通话。不言而喻，通话的目的是在迅速解决问题，以便它们可以取得主宰世界的妥协方案。为了保持这条热线每天 24 小时畅通，不出任何故障，每一个特定时间（例如每小时）彼此都要收发一段话语（对不起，我在此处借用了后现代的一个术语），一段与政治绝对无关的话语，以便测试线路是否畅通。据说那时苏联播发的是托尔斯泰的小说《战争与和平》片段。本来《战争与和平》这部小说，与当前现实政治完全无关，不过敏感的传媒家却嗅出这里大有文章云云。据说这里播发的小说，是一种无言的信号，没有语言的语言，据说它可能暗示：战争乎？和平乎？请君三思！

过敏症患者任何年代任何地方都会有的。

在语词的密林里

一、后现代与负增长

有朋自香港来，劈头就向我嚷嚷：

“你们这里天天嚷着‘后现代’，我们那边天天碰见的是‘负增长’！”

一语中的。天才的语言观察家。不管你赞成不赞成，“后现代”一词是随着思想解放而出现的。思想僵化时期，连“现代”也没有，甭说“后现代”了。汉语的字序是至关重要的（当然不是说别的语言里字序就完全不重要），后现代不等于现代（之）后。后现代有点反现代的味道，至少有点对现代的否定。可是——

“博士后”却可以理解为读完博士之后再读书，那就是博士后。十年前博士后作为名词使用，曾经着实令我们这些“老而不”的规范主义者大为困惑过。现在习惯了，好像博士后天生就是博士后。

至于“负增长”，说的是经济，是物价，是股市，总之是有关物质方面而不是精神方面的东西。负增长就是减产。不叫减，反叫增（不过是负的增），有点故弄玄虚。在社会语言学这叫做委婉语词。说出来，很好听，有自我安慰同时安慰他人的意思：希望就在前面呀！过了负，就是正啦。可不是？

二、颜学

刚刚收到日本出版的《言语》12月号，里面有个特辑，名为《颜学入门》——这个杂志每期除了专论和专栏以外，都有一个专题特辑，例如手势语特辑、社会语言学特辑、信息语言学特辑等等，几十年不变，亏它能想得出那么多的专题！

不过，“颜学”是什么呢？算得上哪一门语言学呢？

“颜”是什么？一查《现代汉语词典》，有了。颜：“脸；脸上的表情。”据此，“颜学”就是脸面上表情之学，更明白点说，就是研究脸面上表情的语言学，其实是“非语言交际”（即不通过分音节的语言进行交际）的一种。

我多年来幻想要利用照相机拍一部“眼谱”——人的

喜怒哀乐无不表现在眼神里。古人说“眉目传神”，眼睛实在神得很。古语说，“怒目而视”，又说“眉开眼笑”，可见眼睛会“怒”，还会“笑”，何况一张脸上不止一对眼睛，还有耳朵，还有鼻子，还有嘴巴，还有嘴唇。人的很多感觉器官都集中在脸面上，它们把收集到的信息传送给大脑，经过大脑有关神经元的分析，作出反馈，又通过这些感觉器官表达出来。由此可见，脸面表情语言学的内容太丰富了。

特辑里一个专家说，人的脸面，眉以下叫做“颜”，眉以上是额；其实额头很多时候也能表情。君不见额头的几道皱纹，记录了人生的几许沧桑！

不过在特定的场合，人的脸面可以完全没有表情，除了办案者在案情大白以前绝不表露任何声色的好人以外，有些奸险恶毒的小人，脸上看不见一点春夏秋冬，这跟那些满脸笑容而心怀鬼胎的恶汉，一样的可憎。

可是现在出现了新的情况：网上的对话者，看不见“颜”，因而颜学（脸部表情语言学）出现了一个新语词：无颜网语。在 E-mail 中甜言蜜语了半天，还不知道对手是男是女是真的男或真的女是美是丑……哎哟，无颜社会可是太可怕了……

三、网语也有颜

有趣的是，无颜网语其实也有颜。同期杂志的专栏《世相语散步》中举例说，无颜网语的基本“颜”，是：

(^_^)

笑起来的时候变成：

(^O^)

有点像笑得嘴巴合不拢似的。哭起来则是：

(；_；)

难道是泪下如雨吗？抑或表达啜泣的声音？

日本的网民还有表示“万岁”的新创造：

＼(^O^)／

这个图像太可怕了，叫人立刻想起六十年前日本军国主义者攻陷我们的城镇，屠杀我们的父老兄弟时，被欺骗的狂热的“皇军”三呼万岁万岁万岁的情景。我不喜欢这个图像，历史是不能忘记的，别以为朝前看就应当忘记甚至改编历史啊！

四、长和短

书名有长有短。短到一个字或两个字，长则长到几十个字。

人所共知的最短的书名是巴金的小说《家》，一个汉字。还有茅盾的小说《子夜》，两个字。学术著作很少能用这样短的名称的。

《家》和《子夜》都成书于30年代，前者写封建家庭的没落，后者写资产阶级在十里洋场的百态，都预示着新的星火将会燎原。读者是喜欢它们的，读者从它们那里得到的不是自然主义的揭露，而是明天的希望，以及奋斗或斗争的勇气。

但是50年代到60年代它们都得不到安宁：极“左”思潮貌似革命，却容不得半点真实，到了绝灭文化的那十年，它们的命运就不讲自明了——当然批它们绝对不是因为书名短的缘故。

书名长的可举赵元任的一部著译（真是又著又译！）：《国语罗马字对话戏戏谱最后五分钟一出独折戏附北平语调的研究》堂堂二十八个字，得一口气念下来，这才显得出赵元任式的幽默。作家汪曾祺写信告诉语言学家朱德熙说，“这真是一本妙书！”比他译的《阿丽思漫游奇境记》还要好玩儿。他这个戏谱和语调研究，应该作为戏剧学校的台词课的读本。（见汪的全集卷八，第155页。）

汪和朱两位都已仙逝，信中提到的赵元任两部译作，《阿》书多年前已由商务印书馆用英汉对照的形式印过一版，可惜在读书界没有引起哪怕小小的注意，可惜了！后者半个世纪以来没有重版过——不过若交给这家百年老店去出，那恐怕我的骨头腐烂了，也见不到书的。究竟活了一百年，可要注入一点新鲜的活力，这部老机器才能转动得快些——究竟是老店了，该原谅它骂它促它帮它，随你的便。

五、汉字却有“颜”

网语无颜，汉字却有颜！

汉字是一种有脸面表情的符号，即使是楷书（许多字离开原来的形象已经不知多远矣），有时也看得见那表情。

笑——可不是好像一副眉开眼笑的样子？

哭——哭丧着脸，两只眼睛仿佛哭得惹人心痛。

有些成对的汉字（语词）的表情，也很有趣：

耄耋［màodié］：按部首排列的现代汉语字典："老"字部没几个字。耄耋之年，就是平常口语说的七老八十的意思。好像前一字指老一点，八九十岁，后一字指七八十，总之，老就是。一看这两个字，年轻人仿佛感觉到满脸皱纹，手脚不灵，两眼凝视却蕴藏着人世间风风雨雨，略带几分痴呆的模样；上了年纪的人看见这两个方块，泛起一阵忧伤，毕竟人到黄昏，无可奈何花落去，虽问心无愧，但朝霞只好让给年轻一代去欣赏了。

忐忑［tǎntè］：忐忑不安。心，一上一下的，不知如何是好。

旮旯儿［gālár］：角落（粤方言，"角落头"），引申为偏僻的处所，例如"山旮旯儿"。

出现了一个很有趣的问题：这一类语词，是先有语音，然后制作两个符号来记录它呢，还是先造出有颜的两个符号表达这个观念，然后赋予它读音呢，我不知道。

这一对一对的单字，不能倒过来写，不能作"耋耄"、"忑忐"、"旯旮"，虽则看起来也差不多。而这一对一对的字，随便哪一个都不能单独使用，你不能说"我很忐"或"我真忑"。

这难道是它们有“颜”的缘故吗?

六、“伊妹儿”

这个年头大家都学法讲法用法。

几个新兴的网上用词，总算有了法定的译名。

Internet 是“因特网”,

E-mail 叫“电子邮件”,

Java language 作“Java 语言”。

头一个是音译（因特）+意译（网），第二个是全意译；最后一个是——索性用拉丁字+意译。三个外来名词，使用了三种转译方法。太富于想象力了！

于是有滑稽家悄悄地说，E-mail 何不用音译作“伊妹儿”？伊妹儿像个姑娘，怪可爱的。

可是由 e- 产生的许多新兴语词就不好办了。例如新近大展宏图的网上贸易 e-commerce，难道音译作“伊康默尔斯”？

网是个无底洞。或者说，网的空间是个无限空间。

毫无疑问，21 世纪这个无限空间将大大改变我们的生活方式。比方说，我们再也没有逛书店的乐趣了，只需在电脑上“一击”（这是网上贸易广告用语），网上书店就为你服务，要啥有啥。美国一家最大的网上书店“亚马逊”（Amazon）广告说，它手头就有 25 万种书供您选择，之外，绝版书也可以为您查找。而且，打折扣（不过另加邮运费），24 小时服务，公休日也不休息。

这家网上书店去年前十个月共接待了 740 万用户，可是——报道说，去年三个季度，这家书店亏损了 2470 万美元，比前年同期的亏损多了一倍。真的吗？是这个数字吗？

美国的《时代》周刊说：他们多卖多亏，但他们信心十足。

天下有这样的生意经么？

据说，秘密在于这家公司的上市股票天天看涨，去年 11 月，每天涨 37 点，光在 11 月这家公司的股票就上涨了 47%！

天晓得这老板怎样想，天晓得股民怎样想！

亚马逊网上书店的创办人兼执行总裁，37 岁的贝索斯，看好这一新兴的买卖。他强调的是服务，他说胜利的关键是服务：“一个顾客不愉快，几个月就会带动一千个不愉快的顾客。”

他总要让顾客愉快。做了一笔哪怕是很小很小的买卖，绝对不会忘记给那位小顾客去一个“伊妹儿”：谢谢您的光顾！

七、拟动物化

一百几十年前，当西方的童话传入古老的天朝时，人们惊讶地发现，猫呀狗呀老虎呀狮子呀狐狸呀都会说话（其实我们的古书里，动物植物也会说话的）。

于是文学家说，这是“拟人化”的修辞现象。那时有人还举出一个英文语词作为证明：personification。

然而在这个星球上，人是最淘气、最机灵、最狡猾和最不可捉摸的。人发明了拟人化之后，又兴起了“拟动物化”。也许可以杜撰出一个英文语词来作证明：animalization。（唉唉，怕英国人也未必认得这个字！）

有歪诗为证：

牛棚不养牛，
网虫并非虫，
黑马不是马，
热狗甜又辣。

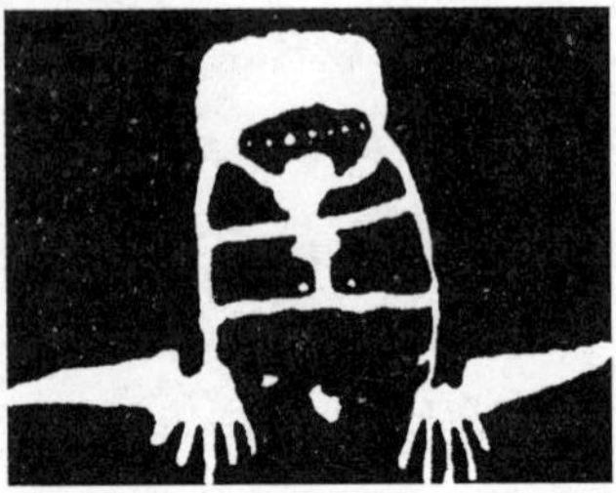

哎呀，人啊，真是拿您没法！

八、伟哥

一家报纸标题：伟哥进京了。

吓我一大跳，“洋为中用”可真够快的。细细看正文，才知道标题中的“伟哥”是南方某地的一位著名厨师，是一个人，而我却以为是指一种洋药——销行世界的壮阳药。据说，它本来的作用是扩充血管，所以用于性活动时，血管扩得太过分，会死的。据说美国用此药而心脏不佳者有130个猝死的病例。

我猜“伟哥”这个译名出自香港才子之手，近来因为报道1998年诺贝尔医学奖金得主，也顺带提到他们的发明有个副产品前些年赚了不少钱。那副产品便是伟哥。原名是viagra，如果翻译成“维亚格拉”，那就绝不如伟哥那样引人心神荡漾。伟哥，伟丈夫……神驰九天九地而不落俗套。

香港才子的译名常常有神来之笔。如果我记得不错。“可口可乐”，后来“百事可乐”都是从香港发源的。一种饮料能做到可口，已经很不错了，可口之外，还有可乐之处，谁不想去尝一尝？至于百事都乐，则万事大吉，花几块钱喝了软饮料还买得个万事大吉大利，何乐而不为哉。

当“人”变成“分子”的时候……

一、酷

没有想到一个“酷”字在两岸三地闹得沸沸扬扬，历数年而不衰。真酷呀！

一个音译的外来词，居然进入我们汉语口语里闹得如此“猖獗”，少见！

去年在一次饭局上，我问座上客，你们懂得什么叫做“酷”吗？座上客一，说懂，香港流行多时了。两个青年答曰，懂得，但不常说。只有位中年朋友说不懂，其实这两位也很“前卫”，社会活动也不少，不在青少年群体中，自然没法接触这个模糊语词。

“酷”来自美语COOL——人都知道此字原意为“冷”，气候的冷（寒），自然而然转化为人情的冷（冷酷），后来，不知从什么年代开始，有美国人要表达“美呀”（beautiful）“好呀”（excellent/good）之类的语义时，却用“COOL！”一字，于是流行而为俚语。这个字的俚语语义，收在《韦氏大学字典》第十版里

（1995）。保守的英国人，也在著名的《简明牛津字典》第九版（1995）作为“俗语”收录；不久前出版的《新牛津英语字典》（1998）中作为“非规范”的语词收载了。

“酷”是在台湾“登陆”的，如果在香港“登陆”，它就不会用“酷”字——粤方言“酷”字是由子音 h 开始而非 k。

“酷”何时传入大陆书面语，还不清楚。奇怪的是，语词进口大国（日本），未见“COOL”的片假名借词。

可是在我们这里，1999 年初出了一个杂志，名字叫做《这一代 COOL——酷男专刊》。瞧，酷男！

杂志这一期首页载有酷的《宣言》：

酷，是这一代新男儿的宣言。

酷，来源于英语的 COOL，原意为冷，引申为冷峻，冷漠。

据说，“新一代男儿的‘酷’，是高扬自己的个性，跻身潮流的尖端，苛求生活的独特，甚至可以蔑视传统，毫不理会他人的颜色”。

奇也哉，“酷”到头矣！这不就是 20 世纪六七十年代西方某些“愤世嫉俗”的前卫青年的写照吗——是一种什么样的社会泥土培育出来的心态呢？

神哉！

二、伊妹儿说：LOL

1月14日一个西方通讯社从旧金山发出一条消息说：

“你最近是否LOL过？”

这是指在“伊妹儿”（E-mail）上曾否出现说的。

LOL是新近出现在屏幕上的“新语词”，即laughing out loud的缩略语，意为“大声笑出来”。

跟伊妹儿交谈时，时常会出现一些古怪的新语词，这是伊妹儿的创造。有人忧心忡忡，怕因特网会带来语言革命。其实大可不必。

不过LOL倒很有趣，它使我想起了高尔基的一篇小品文：《当一个人独自的时候》。

这位大作家说，当一个人独自的时候，常常会做出令人意想不到的动作，或发出古里古怪的声音来。他说，有人会伸出舌头照镜子，有人会尖声大叫。这种动作或声音，有时是很痛苦的，当然有时也完全没有什么语义。

语言信息学把这种动作称为“独白”。

三、独白

文学作品里有不少有名的独白。比如郭沫若的《屈原》中的雷电独白、莎士比亚的《哈姆雷特》中丹麦王子的“是耶非耶”（to be or not to be）独白、《李尔王》中此人西归前内心充满恐惧的独白。这都是很美的独白。

自然也有很丑的，比方传说希特勒的特务头子希姆莱临死时的叫嚷（也算“独白”？）：“我是希姆莱”——真是死不悔改的恶棍！

设想一下，斯大林弥留时（假如他还有知觉）一个人独白，自己对自己说些什么呢？据说他曾一天签发一串命令处决好几千人，此时——当他一个人独自时，会想到这些吗？

或者设想一下毛泽东在最后时刻，他会自己对自己说些什么？还是说那两件事——其中一件是“文化大革命”——吗？

四、分子

“分子”原来只是一个科学名词，所以旧版《辞源》“分子”一条的义中云：

“凡物皆由分子构成”——“物体可分为最细之微粒，

不失原物之性”，这种东西就叫做分子。还附了英文原名molecule，可见“分子”是意译过来的借词（外来词）。

值得注意的是，旧版添了个引申义：

“喻构成一体之各个体也。”举例说，“如言国民为国家之分子，家人一家之分子”。

例子是很可笑的，谁说过“我是一家的分子”这样的话呢？

旧时编辞书的人，往往自己造出一些实际生活中不曾用过的例句，来证明他的释义正确——近年来国际辞书界已经不提倡自造例句，而求助于语词库：库中收集了从书面语和口头语来的活生生的大量例句。这且不去说它。只是这两个释义，一直沿用至今。

销行超过 3 亿册的《新华字典》初版本（距今 46 年前，即 1953 年面世）即沿此说，引申义云：“构成整体的个体”就是“分子”，例如“积极分子”“进步分子”。所举两例的“分子”都是好人。可见解放初即 50 年代初，分子变成人的时候，都还是好人。

从 60 年代开始，这个简单的释义“政治化”了，说“分子”是“属于一定阶级、阶层、集团或具有某种特征的人”了。分子成了某种可争议的人！分子是人呀。这本字典其后各版都如是说，例子却只剩下一个“积极分子”，原来的“进步分子”不见了，尽管如此，分子还是好人。积极分子不就是好人么？

同样销行甚广的《现代汉语词典》亦沿此说，但它一直保留了三个例子：资产阶级分子、知识分子、积极分子。

当一个人变成这样三个分子时，他是不是好人，就有点迷惑了。幸好还有一个“积极分子”，是好人无疑。

五、当人变成分子的时候

人——不是一生下来就是“分子”的。当人变成分子的时候，是一个非常凄苦的过程。读懂“人”变“分子”的过程，就会很容易读懂中国现代社会史。

试从一部大书抄下几个分子来观察观察：

反对分子

动摇分子

最积极疯狂分子

右派分子（大书中有说明云：一般称呼右派分子，也就可以了，不必称为反对派。）

“起义分子”（注意：加了引号，实指动摇分子）

中左分子

中间分子（另一处作“中间群众”）

知识分子

头五个分子变成人的时候，可怜都成了坏人。在这一串分子出现之前或之后，即在连绵不断的各种政治运动中，不时出现了种种色色人变的分子或分子变的人，比如：

贪污分子

坏分子

地主分子

富农分子

破坏分子

反革命分子

地富反坏右分子

胡风分子

反党分子

阶级异己分子

托派分子

右倾分子

右倾机会主义分子

三反分子

黑帮分子

修正主义分子（又称：反革命修正主义分子）

哎哟，分子分子，此时人们看到，当分子变成人的时候，多半成了坏人。好人不大变分子了，比方50年代初“三反运动”，是反对贪污，反浪费，反官僚主义；反对的是这三种人，可是只有贪污者变为“贪污分子”，后两者没听说叫“浪费分子”和“官僚分子”（偶尔也见过“官僚主义分子”）。叫“分子”的显然是坏人了。

再如有“右派分子”，却没有“左派分子”（“左派分子”不叫分子，只称“左派”）；有“富农分子”而不见“贫农分子”或“下中农分子”；有被整的“胡风分子”，而那些积极把人整成胡风分子的人却从不叫“反胡风分子”。

由此可知，五百年后的古语文学家推断，20世纪下半期的分子变人的时候，十之八九成了坏人，于是“分子”一词的引申义在五百年后的词典中，可能注上“贬义词”。

六、印贴利根追亚

“五四”前后，曾经大规模地输入外来词，而且很多是音译的，例如：普罗列塔利亚、布尔乔亚、狄克推多、德谟克拉西、英特耐雄那、烟士披里纯，还有印贴利根追亚。

印贴利根追亚就是我们现在说的知识分子。

对当代中国文化教育有过重大影响的两部大辞书《辞

源》（初版于1915年）和《辞海》（初版于1936年），旧版（即1949年前出版的）都收有“知识分子”一条，却没有收录那拗口的“印贴利根追亚”。

非常有趣的是，在“知识分子”词目下，这两部辞书都注上了用拉丁字母拼写的语源：intelligentsia。一看，这个貌似英文的语词，是从俄语转写的。据西方词典学家的考证，它是1907年才进入英语词库的，语义则从专指俄国民粹派到民间去唤醒民众的那一群可爱的智者，引申为泛指觉悟了的或者说有教养且对平民百姓富有同情心的那一群读书人。

旧版《辞海》云：知识分子有广狭两义，广义指一般受教育者，狭义指受有高等教育，以知识为生活手段之人，“即劳心之劳动阶级”。令人吃惊的是，释义的后半竟然有点超前意识：

> 因其不能自存，须依资产阶级及劳动阶级为生，故为非基本阶级，亦非支配阶级。

妙哉！这里阐明了知识分子不是“基本阶级”，亦非支配阶级（统治阶级），是一种可怜的依人而生的人，几乎有点像寄生分子了。

不过，直到20世纪下半期开始前，知识分子还可以归入好人一类，虽然不是凌驾在万般皆下品之上，却也悠然自得，清高得很啊。

那时的人变成“分子”不觉得怎么样，只是有些智者却不喜欢这“分子”，笔下不写“知识分子”，却写“知识者”。有书为证：

1932 年 10 月商务印书馆复刊《东方杂志》，主编胡愈之在复刊词《本刊的新生》中写道：

拿笔杆的知识者，如果能够用着拿枪杆的精神，舍身到现实中间去，时刻不离现实……决没有自悲“没落”的理由。

总之，知识分子也好，知识者也好，这两个语词在 20 世纪上半期的语感还是积极的、正面的，多少还保持着一点人的尊严。到了世纪的下半期，知识者的“分子”气越来越重，“文革”十年，则降到最低点，成了“臭老九”。为什么是老九？因为那史无前例的十年中，该打翻在地的排行榜第九才是知识分子，前面八个顺次是：地富反坏右叛（徒）特（务）走（资派）。

七、一根毛或一撮毛

知识分子是什么？过去几十年间有熟知的权威答案：

知识分子只不过是一根毛，一撮毛，只不过是附在某种皮上的一根毛，或一撮毛。这皮，不是人皮，不是兽皮，而是阶级的皮。据说这一代的知识分子是附在资产阶级的皮上，因此通称“资产阶级知识分子”。为什么没有附在无产阶级或劳动阶级的皮上？不知道。或者无产阶级本身就没有皮也说不定。于是有“皮之不存，毛将焉附”之说。难道资产阶级也没有了皮么？不解。到了此时，作为一种“分子”的知识分子，真是无皮可附，无处安身，确实变成化学元素的“分子”了。

当人变成分子的时候，就意味着有一顶相应的帽子给他戴上。分子同帽子是孪生的兄弟。戴上帽子的分子，几乎是永世不得翻身——除非有大慈大悲的观音菩萨给他摘掉帽子。例如现在六十万顶右派分子的帽子几乎百分之九十九点九九都摘掉了，据说还有百分之零点零几顶帽子还在某某的头上戴着，不知是真是假。但愿是假的罢。

幸乎不幸乎，知识分子这顶帽子却还不怎样臭，有时还可以遮遮太阳，挡挡雨水。不过若提起资产阶级知识分子这样一顶大帽子，则又当别论了。“文革”前三四年，有过给知识分子摘掉资产阶级帽子的集会，鞠躬，演说，鼓掌。谁知好景不长，一下子换了一顶臭老九的帽子，比原来的帽子更破。

历史老人总是嘲弄世人，他从不走直路，他也要人们走弯弯曲曲的小路。现在，世纪末，我们的知识分子虽说还是分子，不过这分子已变成人了。不再是人变成分子了。善哉善哉！

八、高尔基

不知附在哪张皮上的高尔基，对知识分子却有另外一种定义——那是根据世界著名的男低音歌唱家夏里亚宾转述的——他说得文绉绉，也许是译得文绉绉：

（知识分子）是在每一分钟都在准备挺身而出的不惜以生命为代价捍卫真理的人。

高尔基心目中的知识分子原来是非常之好的人，好到不得了的人，是捍卫真理，时刻准备为真理而牺牲的人。

五百年后的考古学家挖掘出一具知识分子木乃伊时，不知他用什么仪器去推断：这木乃伊是好人，是坏人，是好到不得了的人，还是无皮可附的不可救药的人。那具木乃伊不知还戴着帽子不？

嗨！

一、P

近来首都一些林荫道旁，竖立起一个又一个标志，主文曰：

P

在这个标志旁边，必有一个穿了“号衣”的守望者，号衣前后都有这么一个 P 字标志。

P 是符号语言，国际通用，源出英语的 Parking，停车处之谓也。穿着 P 背心的守望者，是中国特色，此人专司收费或指导交费。

一看到这个符号语言，蓦然感觉到：哎哟！现代化来了。

同样，在街头远远看见竖立的告示牌：

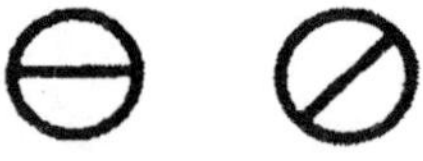

你顿时明白，车子进不去了。这个符号胜似

那样的"土"气十足而又很不客气的告示。

时代变了，符号文字登场了，符号没有客气不客气之分。符号就是符号。只要你知道符号表示什么就够了，甭问是否客气，这就是现代化！

海外读者看了这一段，一定摇头再三：这用得着你饶舌？是呀，是呀，你们已习见为常，而我们才刚起步。

祝贺我们吧，我们也登上现代化快车了。

可是，且慢！一个P字唤回我那几乎黯淡了的记忆。

话说那是昏天黑地的"文革"时代。不知怎的，忽然间到处的造反派都一分为二，互相谩骂，各争最最革命的宝座；先用批判的武器（例如大字报），后来进行武器的批判——真刀真枪，打得死去活来。那时据说只有"一分为二"才是革命的辩证法。"二合而一"则是反革命的形而上学。

话说某地的造反英雄，根据一分为二理论的指引，立时分裂成对立的你死我活的两派，却把他们要天天斗的走资派（走资本主义道路的当权派）冷藏起来，革命力量内部先斗个胜负。一派对当时的形势评估为好得很，因此称为"好得很派"，简称"好派"；好派的对立面却做了完全相反的评估，他们说，"好个屁！"于是这一派被称为"好个屁派"，简称"屁派"。

一分为二：好派屁派——可是那个屁派的屁字，属于社会语言学上的"粗鄙语言"（洋文称 dysphemism，是从希腊字转写而成，与委婉语言 euphemism 相对称）。大约连造反派自己也觉得难于写出来（不是难于启齿），于是写成 P 派，但读出来仍然是“屁派”。

后来呢？没有后来了。用武器批判的结果是死伤累累，于是派了什么宣传队，二合而一了，但不叫这个“形而上学”的术语，叫“大联合”。

拉丁字母 P 代表“屁”，从这里开始，也从这里结尾。三百年后有学者著书立说，将古书中的“P 派”注释为“停车场派”，并且做了万言考证，得到超博士学位。

二、Q

按照字母表排列，P 字之后是 Q。当今计算机键盘沿用了昔日打字机的键盘，Q 排在第一列的第一个（所谓 QWERTY 式是也）。这个字母几种字体的大写作：

看上去都有点滑稽。瞧！一个后脑勺拖着一条小辫子；一个没有颜面的脸伸出一根舌头；一个缩头乌龟仿佛摇着尾巴。

图形文字（logogram）往往会引起读者无穷的联想。

不过对于当代的中国人，这个符号带着异乎寻常的语义，因为无论老少，心目中都有一个阿 Q 的形象，无论他读过或者没有读过只是听说过鲁迅的名篇《阿 Q 正传》。

是鲁迅，他无情地，冷静地，痛苦地解剖民族的沉重负担，创造了一个不朽的典型：阿Q。

阿Q来到人间已八十年了，却还有学人考证说阿Q的Q应读作阿桂。可能这样的考证出自博大精深的学问家之手，但是我还是像平常人那样，照英文字母表的Q发音，按国际音标［kju］来读。

阿Q还是Q！阿Q本来就是阿Q嘛！

三、整

20世纪最有活力的汉字是什么字？

答曰：是“整”字。

一个整字，饱含着多少辛酸，多少血泪，多少悲戚，多少怨悔！

温老（温济泽）去了，给我们留下一部《自述》，其中一段写到40年代延安的“抢救运动”，中云：

> 编辑部同志大多数挨了整，有些人整了人，有些人自己挨整后又整了别人……

文中说，哲学家艾思奇和他温济泽没有乱整人，所以被撤了职（艾），被指控为特务（温）。后来却因为没有乱整人，都当了领导云云。

皇天在上，仓颉爷爷造字时可没有把整人的意思注入这个"整"字；后人编字典，只好加上这个新的语义。还得分词性，"挨整"的整，是个名词，"整人"的整则是动词。

解放后出版的《新华字典》头几版的"整"字下，就没有整人的意思，1957年以阳谋整了那么些"右派分子"，那年出的一版，也没记载整人的语义。现实社会已经频繁地人整人了，字典词典却视而不见，真可谓落后于形势了。

几十年后，到了拨乱反正的新时期，《新华字典》1979年修订版才在"整"字释义下加了第四个义项：

4　使吃苦头。

释义后举例说："不要随便整人。"

同样的释义跟例句保留在最新修订版（1998）里，没有改动。

《现代汉语词典》在那绝灭文化的日子里印的试用本挨了整，编者挨整，出版者挨整。直到1979年正式出书，整字才有这样现实的语义。整字加了一条释义，文字同《新华字典》，但例句则作"旧社会整得我们穷人好苦"。

把“整人”之事推到旧社会去了。它没有正视新社会也有人整人并把人整得好惨的事实。

那么，整从何来？

整者整顿也，整风者即整顿风气之谓也。有书为证：原来1942年整顿三风即：

反对主观主义，以整顿学风；

反对宗派主义，以整顿党风；

反对党八股，以整顿文风。

这岂不是好得很么！由是出了《整风文献》一书，并无“整人”的意思。

不过历史总是捉弄人。40年代的整风运动，本不整人，却带出了一个抢救运动——整了许多许多人。50年代的整党，也引出了一个反右派运动，整了60万人。一个整字，记录了横亘几十年的社会悲剧！

提到整字，不可不记那个以整人为快乐之本的康生。他有特异功能，见人一面，便能“感觉到”此人是叛徒或是特务，而金口一开，此人就挨整了。康生字典里的“整”字不知作何解！但愿人整人的时代永远不再来了。

四、Hi！嗨！

我喜欢美国人见面时，嚷一声“嗨！”，万事大吉，各干各的，少啰唆。

小孙女来京探亲，回美国前夜，我跟一位阿姨请她吃饭，所以她一回去，就发来 E-mail（电子邮件）；除了向我 Hi 之外，还说：

say Hi to Ms——

“向阿姨问好！”

口头语也好，书面语也好，都那么“嗨”一下，好了！

多么简洁，多么省事——无限深情尽在不言中。一个 Hi 有那么神通？有的，盖有情者一个嗨字无限情深，无情者啰唆半天只能使人恶心。

社会节奏快，见面语就只能简洁、明快。

五、你

《水浒传》第二十四回，写潘金莲设宴款待武松时的一段对话，极尽挑逗之能事，这是尽人皆知的故事，不必复述。只是很少人注意到一个你字结尾，教打虎英雄勃然大怒，宴席不欢而散——由是孕育了未来的杀机。

嫂嫂言语间一直尊称武松为“叔叔”，请听我这里用现代汉语的复述：

武松从外边踏雪回来，嫂嫂迎上去，“叔叔冷啊？”……

接着问：“叔叔怎不来吃早饭呀？”……

嫂嫂殷勤得很：“叔叔请烤火！”……

武大却还未归，嫂嫂先来招待，“我跟叔叔先饮三杯”……

武松自己热酒，嫂嫂勉强说一句：“叔叔自便”……

已经说了五个叔叔了。接下去就是劝酒的场面：

“叔叔满饮此杯”……

“天色寒冷，叔叔饮个成双杯儿”……

七个叔叔之后，试探试探：“听说叔叔养了一个卖唱的姑娘在外边？”……

武松说自己是一条好汉，没有这等事，嫂嫂半喜半嘲：“只怕叔叔口头不似心头”……

嫂嫂认为时机成熟了，叫出第十个叔叔：“叔叔且饮这杯”……

十个叔叔带来了大胆的行动，嫂嫂捏了一把武松的衣服，“叔叔穿得这么少，不冷吗？”第十一个叔叔。接着第十二个叔叔：“叔叔不会拨弄火盘，让我来拨弄，只要像火盘那样经常热乎乎的便好。”

这样连叫唤了一十二声叔叔，叔叔就是不响。嫂嫂却错误估计了形势，自己倒了一杯酒，喝了一口才递给叔叔，好不容易迸出一个“你”字：

“你若有心，吃我这杯残酒！”

千古绝唱！

怪人金圣叹倒是早察觉到了，他批注《第五才子书》(《水浒传》) 这段文章时点破过：一连用了三十九个叔叔，最后才来一个你，可谓绝矣。他说的三十九个叔叔是从最初见面时算起的，不单指那一次晚饭。

文章好坏不在字数多，而在神来之笔，若有神笔出没，则一字胜过一万字。

六、喂

打电话时说“喂喂”，只不过是促使对方注意的声音，没有什么语义的，正如英语说“hello”，日语说“moshi moshi”一样。

可是在特殊的语境里，“喂”可不一般。

比方一对青年男女最初接触时，总是一本正经地互叫“先生”“小姐”，来往多了，有点交情了，或者男的对女的说，我可以叫您名字吗？女的说，当然可以，那就入港三分了。或者女的先主动，说，别叫小姐小姐啦，叫我名字好了。再后来，友谊加深了，有了感情了，两人互叫的可能是彼此的小名（如果有的话），绰号（肯定会有的），也可能是两人发明的只有他们俩才知道的代码——这代码包含着甜甜蜜蜜的希望和爱意，并非肥皂剧中说的什么心肝宝贝达令之类无感情的套话。

但是当两人在某些公开场合不自觉地不叫姓名或昵称，只是尖声叫出“喂……”时，一切就进入新的无语境界了。

从普通名词（例如叔叔）到代名词（例如你我）到亲昵的代码到“喂”……这个语言运动过程活生生地展示了人生的片段……

没有名字，没有客套，没有定语，只有一声

“喂——”

返璞归真——令人神往的感情升华的境界！

虫变成人抑或人变虫?

一、千年虫走了

千年虫悄悄地走了。

那几天，世纪交接那几天，世界各地都很紧张。

本来只不过是年末年初，不值得大惊小怪，但是因为有个计算机（电脑）千年虫问题，所以闹得沸沸扬扬。

简而言之，电脑设置的年份用的是简称，1999年简作99（正如手写时作’99，不过多了一个’），所以2000年便简作00——而在一定场合下，电脑“看见”00，它理解为“取消”。机器随即把一切都抹去了。一下子存在硬盘上的所有数据都给取消了。一瞬间存在电脑里的青红皂白，通通给抹得干干净净。

一切都化为乌有。失灵了。不好了，灾难临头了。

那几天，银行、飞机、轮船、火车，举凡用电脑操作的地方，都很紧张，特别是所有的军事设施，一级戒备。

看来美国显得更加紧张。美国本来就有恐核病——正因为它拥有万千个核弹，所以它对别人拥有核弹十分不放心。恐核病由来已久：万一某个超级大国的核按钮那么一按，甚至是一只老鼠偷偷在按钮上跳一跳，哎哟，糟糕透了，两千枚三千枚四千枚核弹就对准……

世界末日到了！

可是这一切都没有发生。上帝保佑：平安无事！

千年虫似乎没有怎样发脾气。只是某些小地方发生一些小小的事故：例如某个飞机的自动驾驶仪失灵，只好用手操作了；某个出租车的计价器不转动了，某处信用卡机器不听话了，顾客发点小脾气，算不得什么……

报载：北京一位作家算是倒了霉，据说他被千年虫吃掉50多万字文稿和200多万字资料。报上说，正是这位作家，写了一部小说，绘声绘色地描述千年虫发作时的可怖情景——不料小说还没有出版，作者自己却体验了他所描写的景象云云。

不要紧。这位作家肯定有副本（行家叫做“备份”），这一点报上没有说，是我推测的。这位作家既然能描写千年虫，那么他就不是书呆子，他必定会有所戒备，或者他还有治虫妙药也说不准的。

二、Y2K

Y2K就是千年虫，千年虫就是Y2K。

几年前的英语世界，就出现了“Y2K”这个符号，代表这只虫。

Y2K——这个符号类似语言学上叫做 acronym 的缩略语，即把一个词组中每个单字的头一个字母连成一个新词，比如人们梦寐以求参加的世界贸易组织，写作 WTO，就是世界（world）贸易（trade）组织（organization）的缩略语。念作 W–T–O。美国搞的什么“战区导弹防御（系统）”作 TMD（读作 T–M–D，即 Theater Missile Defense［system］的缩略语）。

日常见到的如 CD，VCD，DVD……多的是。

不过 Y2K 玩了一个小小的花样：它在两个为首的字母 Y 和 K 之间插进去一个阿拉伯数目字 2。Y＝Year，英语为“年”；K＝Kilo，希腊语为“千”。因此，Y2K 即“二千年”。

一直到不久以前，美国一个电脑程序员戴维·埃迪才出来承认是他“发明”的。这里当然没有什么专利问题，这发明家因此也发不了财，看来只不过是为了好玩。美国人的生活方式与东方人不一样，他们常常搞出一些好玩的东西来自娱，同时也让别人笑笑。所以网上时常出现一些离奇古怪的符号语词。但有人出面承认，总算寻着这个符号的发源地了。

Y2K 没有一条虫的语义。那么，“千年虫”从何处钻出来呢？

原来英语世界里也用 millenium bug 一词来暗示那条虫——bug 就是小虫，而头一个字 millenium 是拉丁语，意即“千年”。

不过 bug 这个字，虽然本来是虫的意思，但是 20 世纪 60 年代以来，这小虫却往往指“窃听器”。

怎么小虫一下子变了窃听器呢？我说不出这转化的道理来。我看词典编纂家也未必能说出道理来，像剑桥的杂学天才德波诺（de Bono）那部奇书《词力》（*Word Power*），也没有对此作出解释。究竟是该死的令人讨厌的窃听器被比喻成该死的令人讨厌的小虫呢，还是该死的令人讨厌的小虫最会做窃听那种特务勾当呢，我不知道，只好一笔带过不提。

话说近几年，这个 Y2K 却大摇大摆地困扰着人类。直至世纪末那最后一秒钟，世人还担心这小虫要大发脾气——可是它没有发。

人的担心是有理由的。人创造了奇迹，而奇迹常会毁灭创造它的人。人发现了原子核的奥秘，并且能让它释放出巨大的能量；与此同时，人又制造了能毁灭人类自己的核弹。

在历史的长河中，聪明的人转化为愚蠢的人，人转化为非人，人性转化为兽性，转化成连小虫也不如的鬼物。

所以人害怕 Y2K。

小人物怕 Y2K，是怕它打乱了自己的小天地；可是大人物怕 Y2K，在很大程度上是怕毁灭自己的核弹。

不能不想起俄国盲诗人爱罗先珂的名言：“为跌下而造的塔。”套用这句式：为毁灭自己而造的……

千年虫悄悄地走了。据说世界各国一共花了几千亿美元来防治，这才躲过 Y2K 的灾难。有人说，这不过是商业操作，迫使官府花钱。是耶非耶，不管它了，但愿人类进入 2K 以后变得聪明些。

三、蛀虫是人吗？

蛀虫是蛀书的虫，就是喜欢吃书的小动物。其实蛀虫不止喜欢吃书，它什么都喜欢吃，例如羊毛衫，它更喜欢吃。

蛀虫不认得字，它却要把书页咬得百孔千疮，使认得字的人难于解读。

古人造字，却不像现代人那么对词性感兴趣。一个“蛀”字，既是虫（名词），又是动作（动词）——蛀虫躲在人看不见的阴暗角落里吞噬一切。

不知为什么，古人觉得一个“蛀”字还不过瘾，又造了另外一个“蠹”字，这就是蛀虫。或者古代的昆虫学家研究得很细，可能“蛀”跟“蠹”是两种小虫也说不定。

话说这个“蠹”字也是兼名词与动词于一身，故古文有“蠹书虫”一词——于是小虫摇身一变，就变成人：这种蠹书虫指的是食古不化的那种书呆子。

今人有言：书读得越多越蠢。前些年我对这句名言很反感，我甚至说过，那些叫人不读书的人才是天字第一号蠢材。可是，如今我老了，倒觉得此言是真理：当今还有死抱着教条不放的人，引经据典，无非用教条来证明现实之合理或不合理，常常要去考究世间万物何者姓“资”何者姓“社”。这通通是愚蠢至极的蠹书虫。

不过这些蠹书虫比之不吃书只吃金银财宝的蛀虫来，却是可爱多了。这种蛀虫不是虫，而是人，活生生的人。他们不但不吃书，甚至远离书本，他们吃的是民脂民膏。他们明里是人，暗里是虫。他们托庇于“龙生龙，凤生凤”的家谱，满身绫罗绸缎，满口仁义道德，脑子里则整日盘算着如何吮吸老百姓最后一滴血。一大群蛀虫！他们是人吗？他们不是人，是吸血鬼。

难道我们人类就没有消灭社会蛀虫的杀虫药吗？

四、人变牛

虫变人，人变鬼。由是可见虫跟人似乎在某种场合可以互相转化。

你听过“牛棚”一词吗？

那是经过十年天昏地暗的日子后，出现了所谓伤痕文学时期创造的新名词。翻开70年代最后几年的报刊，到处都可见“牛棚”两字。

那时的报刊说，在那十年暗无天日的岁月里，大陆到处都是

牛棚！

怪哉！那么多牛棚！城市里有那么些牛棚！

这就忙坏了五百年后的历史学家和考古学家。他们费了许多精力和笔墨，去考证为什么 20 世纪六七十年代中国的大小城市里，都纷纷设置那么些牛棚！

几个有考古癖的学者好不容易找到一部五百年前的《汉英字典》——页面已经被那些蠹书虫吃得伤痕累累，却还依稀可辨一个词条：

牛棚＝cowshed 或 cow shed

真的，城市里遍地牛棚！于是有经济学家经过几日运算，推断五百年前，牛肉价钱看好，城里人人都想养牛先富起来，所以机关学校团体乃至街道社区高楼大厦，无不设置牛棚云云。

环境学家却不以为然。他们推算当时臭氧层忽然穿了一个洞，城市空气污染到了窒息的程度，由是禁止使用汽车火车，一律以牛代步：何况乘牛遨游之际还可以吃到鲜牛奶。

学说之多，琳琅满目，颇极一时之盛，真可谓百花齐放，百家争鸣。可知五百年后是个太平盛世，棍子都收起来了，帽子工厂也都关门了，善哉善哉！

即使是那样的环境，讲古事也着实太不容易。

五百年后的博士后和博士后后，费了很大劲也很难确切明白古史上的牛棚，关着的不是牛，却是人，活生生的人，如你如我这样的人。

可见做学问之难。考古难，考今也不易。

其实那时——“十年浩劫”之时——无论口头语还是书面语，都还没有“牛棚”这样的语词，只是到了伤痕文学时期，大地回春，群魔绝灭，才出现这个事后虚构的、类似象征派画家笔下若真若假的复音词。

因为像我这样的同时代人，如果他正直善良，不是风派，如果他在所谓“旧”社会混过一阵，或者有着小小的一官半职，那他多半会被关入“牛棚”，被实行所谓的“群众专政”（查阅人间的政治学教科书，古有暴君专政，

今有阶级专政，却未闻群众也能来个专政！）。

牛棚里关着的动物（不论是人是牛是鬼是牛鬼是蛇神）只许写交代，挨批斗，不许乱说乱动。那时牛棚叫什么？不知道。或者更准确地说，我们这些被关牛棚的动物确实不知道那关人的地方叫什么，后人想出这样的一个意味深长却又不无幽默的名称来，却是聪明绝顶！

二十年前（1980）我对此种处所还有实感，记忆犹新，写下这样一段文字，可谓“立此存照”：

一旦进入牛棚，便失去了人身自由，连人的尊严也没有了。打入牛棚，不需要起码的手续，更不需要任何法律，只需要一句话（原文为“一阵风”，今改作）。因此，这样的地方不能称为“监狱”（没有适当的司法机关判决，不能投入监狱），不能称为“拘留所”（拘留是有一定时间的，惟独进出牛棚是没有期限的），不能称为“俘虏收容所”（按国际红十字会规定，俘虏是不准虐待的；按我们的革命传统，俘虏是不许侮辱的，牛棚收容的人连俘虏的待遇也不如），更不能称为“集中营”（这个词专指法西斯囚禁革命人民的场所，被关入牛棚者正好是被斥为“反革命”的人，恰恰相反）。

牛棚一词是社会悲剧的写照。悲剧落幕了。牛棚消失了。只留下“牛棚”两个字，作为历史的见证永存于世，供后人追忆凭吊，供历史老人作出公正的评判。

五、量规虫

量规虫是英语 gaugeworm 的意译。

量规虫不是虫，却是人。

这个字如今消亡了，不见于英语字典。它是 20 世纪 30 年代美国工人圈子里的行话（jargon）或俚语（slang），意为精于量规技术的工人老师傅。

《量规虫》是一篇纪实小说。一个普普通通的美国熟练工人（量规虫），远渡重洋到苏联去帮助第一个五年计划建设，临回美国前，他写下自己的身世、自己的遭遇、自己的体验和自己的理想。这个工人不是赤色分子，这篇自述不过是一个量规虫的独白。

40 年代初，战火纷飞，我看到这篇纪实小说的英译本，便请当时著名作家何家槐把它翻译出来，准备刊载在我主编的《世界文艺连丛》某一辑里，而这一辑即以此篇名为书名。

可是书印出时，封面和目录分明都印着"量规虫"字样，但是小说正文却无影无踪——原来正文被那时的图书杂志审查委员会的审查官老爷们抽去，不准发表，而书名跟目录却早经老爷们"审定"，不能更换。哎哟，有这样可笑的不讲道理的事么？有的。《量规虫》一书便是铁证。还有更荒唐的是，正文检扣，不只不准刊登，而且不予发还。这就是那时的图书检查官老爷们杀人灭尸的勾当。

检查官老爷们为什么要检扣这条量规虫呢？

因为他们害怕。

原来这是高尔基主编的《工厂史》中的一篇。30 年代初，高尔基回到苏联后，看见涌现出许多有才华的工农通信员，他很兴奋，他认为在这些有丰富的生活实践的工农中，一定会出现伟大的作家，因此他花许多力气去培育他们，甚至整日忙忙碌碌给他们改稿子。后人翻阅高尔基那时给罗曼·罗兰的书信，就可以看见有关记载。

那时高尔基意气风发，打算编几部大书——所谓大书，是由许许多多普通群众集体写作的“史诗”，而不是一个或几个作家笔下的作品。他计划编《世界的一日》，反映地球上各个角落的社会生活。他还策划编辑一部《内战史》和一部《工厂史》，也是同样的大书。高尔基是诚恳的，他是天真的。没几年，高尔基辞世，几部大书究竟出版了没有，我至今不知道，之后是 1936—1938 年间的“大清洗”，这样的史诗怕很难问世罢。

由是可以知道，那时的老爷们杀人灭尸，害怕的是什么。老爷们不是害怕吃书的或不吃书的小虫，不是的，他们害怕的是高尔基，是“量规虫”，害怕一旦有了思想的小虫。老爷们最喜欢的是没有思想的木头人，古今都一样。

酷毙帅呆！

一、酷毙帅呆

去年夏天，我给北京一所高校讲社会语言学。我第一句话是：同学们，我昨天在圆明园门口看见一个招牌，上面写着这样几个字。说着我转身在黑板上写道：

酷　毙　帅　呆

当我写了头两个字时，讲堂里面已经一片嗡嗡声；到我写完四个字时，三百多青年人突然爆发出哄堂大笑。我转过身来面对这些可爱的娃娃们，我无须多做开场白，因为我知道此刻我们的心彼此已通了。

娃娃是奇异的语言创造师。从小学到中学到大学，从儿童到少年到青年，思想活跃，口齿灵敏，青春活力使他们不满足于人间日常交往使用的语言，他们厌烦天天使用人人用过万千遍的语言，丰富的想象力旺盛的创造力迫使他们创制许多古怪的语汇和根本不通的语法，他

们像玩积木似的硬是拼凑出习惯上不能搭配的新名词或新动词，构筑成似通不通的句子，先是在小小的一个校园里流传，然后传入别的校园，然后进入社会，感染了社会公众——有时竟也征服了成年人，诱导他们跟着小娃娃胡说一气。大多数这样的新玩意儿流行了一阵便消亡了，可也有少数存活下来，后人也不明白它们是从何处来的。

这就是人世间奇异的语言运动规律。

酷就是好的意思，就是美的意思。酷毙就是好得要死的意思。毙不是死吗？平常说，热死了，冷死了，想死我了——这里的“死”并非真的死，真死了那就没戏了。“死”在这些地方意味着到了极端的程度。

烦死了——烦恼得要死：就是十二分烦恼的意思。

可是娃娃不用“死”字，不说“酷死”，却说出一个不那么常用的“毙”字，“酷毙”比之“酷死”多了一层神秘感，一时令人不知是什么意思。

这也许可以说明为什么艺术上非常重视原创性（originality）的缘故。

仿此。“帅呆”意即“美得很”——俗语说的“帅”就是好美，这个男人真帅！相貌、举止、谈吐……一切都让女性倾倒，这就是“帅”。

演讲回来，一个小学刚刚毕业的孩子，看了一部美国的科幻大片归来，兴奋不已，冲着我大嚷，这片子，酷毙，酷毙！

古里古怪的新语词，成人不太明白的新语词，像长了翅膀一样，飞进学生群里——不过您不用害怕，它们大部分都会热了一阵就消亡的。

也许现在悄悄地兴起另外一个字眼来代替那个酷了……

二、名字带来民主与平等

内地某家大企业，它的各级头头，按照世俗的习惯，都被他们手下的职工称作“老总”。

例如称呼总经理（假定他叫王老五）为“王总”，称几个副总经理也是“李总”“张总”“何总”之类。

忽一日，王总忽然“顿悟”，不知是读了几篇“五四”时期讲德先生的文章，还是接触到后现代主义的哲学词典，认为人们不呼其名，只呼其姓，外加一个“职称”，显得不民主，不平等，不亲切。

于是出告示：今后对各级领导不许再称 × 总，一律直呼姓名，上下无间，不分高低，都是兄弟姐妹，称谓平等，世界大同。

这还不够。为了造声势，某日召开全体大会，布置几个工人上台直呼王老五，王老五，王老五……

报道说，气氛极其热烈。当然也极其民主，极其平等云云。

这真是世纪之交的一大发明。直呼其名便可带来民主与平等，世界历史还没有过。

一个人的姓名居然有这样的大用处，任何聪明人也未曾想到过的。

三、姓名的灵物崇拜

把一个人的姓名当作灵物，这不自今日始。我很小很小的时候，大人告诫说，夜里听见喊你的姓名，千万不要答应。万一答应了，你的灵魂就被鬼物招去了。

小时候不知灵魂为何物，不过大人这么一说，倒有点毛骨悚然，时刻提心吊胆生怕什么时候有什么东西叫出我的姓名来。如果那时候知道大叫姓名可以带来民主和平等，那我就不会害怕了——不过小时候却也根本不知道什么是民主什么是平等。

古时人的姓名是当作神物的，姓名——无论是口里说出来还是笔下写出来；就是说，不管是语言或是文字——都是一种塔布，一种禁忌。

英国的文化人类学家弗雷泽，在他的名著《金枝》第22章（作者最后修订一卷本），详细记录了和论述了各种姓名的禁忌。他列举的姓名禁忌是很有趣的。据说，有些印第安部族认为，要是自己的姓名被妖精知道了，便会带来祸害。换句话说，要是妖精知道你的姓名，他便会加害于你。有些部族绝对不肯把自己的姓名告诉陌生人，生怕会因此招来非自然力害了自己。乌干达的南迪人，对出征的战士的名字，后方任何人都不得提及。如果有小孩子不经意说出某个出征战士的名字时，母亲就连忙斥责他说：“不要说那些天上的飞鸟。”

弗雷泽说，这里因为原始人分不清概念和事物的界限，以为说出来的或写出来的东西，就是它所代表的实物——姓名就是那个有着这名字的人。

在社会语言学上，这叫做语言的灵物崇拜。

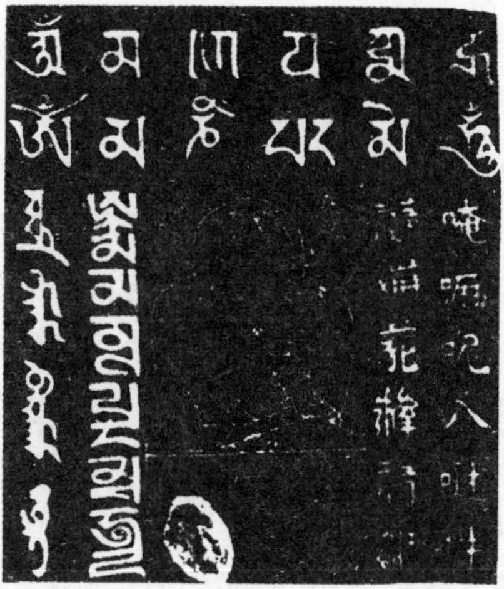

四、20 世纪奇观

语言的灵物崇拜居然出现在 20 世纪 60 年代的中国，这确实是文化人类学家们所不曾料到的。

话说那是所谓的史无前例的“文化大革命”时期。我有幸被北航（即北京航空学院的简称）的造反派揪斗，两条造反好汉拽着我的左右两臂，拖到北航。——其实他们枉费力气，我能逃出如来佛的手掌吗？却说把我拽到礼堂前的一条马路上飞驰而过。我一眼看见宽阔的马路上赫然写着四个大字：

打倒陈原

每个字少说也有一丈见方，姓名两字不但倒着写（那就意味着：我这个人被倒提了，或者说，我这个人已经两脚朝天，活不成了），上面还用红墨或红漆打上叉叉（意味着押赴刑场杀头了）。字写得刚健有力，可见此一造反英雄说不定还练过几年颜真卿。所有被指斥为“黑帮分子”的人，都有过同样的命运，不过我享受得特别美：酷毙了！我盘算要用几桶墨汁才能填满这四个大字。

造反派这么一写，必定以为我这个黑帮分子已被打翻在地，而且踏上千百只脚，永世不得翻身了。

可是我还是我。经历过无数次的倒写姓名划上叉叉又踏上千百只脚，我还是我。

尽管我的姓名受尽糟蹋，但是我还活着，看见了“四人帮”的覆灭。

六十年前，我写过一篇文章，称这种现象是“蛮性的遗留”，这名词是从美国学者摩根的《古代社会》套用的。“十年浩劫”教育了我，20 世纪 60 年代的这场悲剧或闹剧所表现的一切，不能称为“遗留”，应当说是东方封建专制主义的最高发展。也许这就是马克思当年想表述而没有充分阐明过的亚细亚生产方式？

五、组—组—组

提起“文化大革命”，不免想到一些好笑的逸事。

那时，有客问：你在哪里工作？

回答：我在文化组办事组总务组房屋管理组东城组上班。

组，组，组……有点像拗口令。

原来那时造反派判定：

国家机关什么部委什么厅局什么处科，通通都是资产阶级搞的不平等标记，彻头彻尾是腐朽的意识形态，于是下令全国上下机关一律称“组”，机关里的各个部门也一律平等，都称作组。

所以文化组（不是那修正主义黑线的腐朽的文化部了）下有办事组（不是那为帝王将相管家的办公厅了），办事组下设总务组（不是那老爷总务处了），总务组下还有什么组，什么组下还有什么组。

组，组，组……

据说这是巴黎公社式的民主，自然也是巴黎公社式的平等云云。

然而文化组组长住在钓鱼台（国宾馆），出入坐红旗牌汽车（当时无产阶级不腐朽的官员的最高待遇），跟这巴黎公社式的“勤务员”（腐朽的“部长”摇身一变，做了“勤务员”）平起平坐的组员们则——则什么，别管这许多了。

六、“敬惜字纸”

1936年，一个年轻的美国科学家到清华大学教数学。他回国后，常常跟他的美国朋友和中国朋友谈起他在中国讲学期间看到的珍奇物事。

他吃惊于中国人无论男女老幼都十分爱惜写了字的纸，他为朋友们讲述他到处都看到“敬惜字纸”的招贴。他后来把这写进他的专门著作里。

他就是控制论的创始人维纳（Norbert Wiener）。

在旧中国，确实到处都可以看到“敬惜字纸”的招贴或标签——有如在茶楼饭馆里张贴的“莫谈国事”的警语一样。

写了字的纸，就变得神圣不可侵犯。有字的纸已经不是普通的纸，而是一种令人肃然起敬的神物，哪怕一字不识的老太太，一看到写上字的纸，二话不说，连忙把字纸捡起来，放到适当的不会被随便毁坏的角落。

旧中国并没有一个什么“字纸法”或“敬惜字纸法”，可是父传子，子传孙，连文盲都信奉这条不成文法。

这是为什么？

我说不清。但是我怀疑这很可能源出对语言文字的崇拜心理。

语言是表达思想感情的符号，文字是记录语言的符号。本来没有什么值得崇拜的。但是古人总觉得这些符号有点神秘。操纵社会生活的巫师们（也许自觉地也许不自觉地）利用这些符号，装神弄鬼，口中念念有词——这就是咒语，纸上乱涂一记——这就是符箓。

可是这“敬惜字纸”深入人心，却真的保存了很多手写或印刷的文献和书本。

有学者说，中国是保存古书最多的国家。我想，“敬惜字纸”多少有点功劳。

不过这四个字也不是泰山石敢当。我读书少，不能引证历史，但在20世纪的下半五十年却亲眼看见至少有两次这四个字屁用都没有。一次是50年代初，席卷中华大地的土改，一次是60至70年代，疯狂的“文化大革命”，都吞没了不知多少写了字的纸。

哎哟，语言文字究竟是个什么东西？

官　迷

一、首席执行官

近来美国司法部要制裁微软公司，因此报纸上经常出现有关微软的消息，其中常常提到的有

微软公司首席执行官

的称谓。

首席执行官！咦，执行官这个语词吓了我一跳。微软公司分明是一个民营企业，怎么会有一个“执行官”呢？莫非一夜之间实行国有化了？可是就算微软变成“国企”（现在流行的“国有企业”的缩略语），也不过是一个企业，何来一个“官”呢？

官者何也？

按照权威的《现代汉语词典》，“官”字第一释义是：

官——政府机关或军队中经过任命的、一定等级以上的公职人员。

销量超过3亿册的《新华字典》，“官”字的释义与此全同（哎哟，说不清是谁抄谁了！），不过释义下面还加了半句话，即：

我国现多用于军队或外交场合。

这就未免有点画蛇添足了。

据我看来，字典词典的编纂者大都是非常可敬的学问家，我曾敬称之为“圣人”，可能是字典编得久了，少接触市井，其实市井小民口中的“官”字，倒不一定用于军队或外交界。

不过那个“首席执行官”，却并非出自小民之口，那是中文传媒的创造。原来中文这个称谓是从英文翻译过来的，英文叫做

Chief Executive Officer

通常简称CEO的就是它。

鄙人才疏学浅，只好又查字典了。这回是国内权威的《英汉大词典》给了我答案。CEO项下云：

CEO，c.e.o. *abbr.* chief executive officer 总经理

天啊，原来这家伙不过是总经理，不是小民见了发抖的什么大官。如果有人嫌总经理这称呼太一般，称作总裁如何？无论总经理还是总裁，按现代汉语的语义来说，似

乎都不是官。

那么，为什么中文传媒却喜欢把外国的民间企业、民间组织或国际社团（“非政府性组织”）的负责人，写作“执行官”或“首席执行官”呢？

可以有种种解释，其中一种解释是：因为官迷。

多少年来，大地上就出现了一种精神病，叫做“官迷”，官迷者即日日夜夜梦想当官之谓也。

怎么会患上这种病？一言以蔽之，有官就有权，有权就有钱，有权有钱就有了一切。连林彪也说得赤裸裸：有权就有一切，没有权就失掉一切，所以他一家人就拼命夺权——史称林彪抢班夺权，就是此意。

难怪人们巴不得当官，于是到处可见官迷。

二、官本位

教科书上有所谓金本位，银本位，却没有官本位。

官本位是当代受了污染的社会的产物。简而言之，官本位就是按照官阶大小（官的级别）来排行来操办来供给来享受来坐车来吃饭的一种规范。

官阶是古已有之的。国民党政府时期有所谓特任官、简任官、荐任官、委任官之分。战争时期解放区（根据地）的公职人员，有所谓吃小灶的，吃中灶的，吃大灶的，大灶中灶小灶也就是一种官阶。现今讲官阶，按文官系列，则通常有所谓部级、局级（或司局级）、处级、科级以及……无级（这一级是我杜撰的，到这份上，不叫官，只叫员——例如科员之类，故我称之为无级——不过你别小看了这无级的“员”，一朝权在手，权虽小，却也威风凛凛的）。

至于部级以上肯定还有什么级，我就说不清了。

若果你有幸跟官们在一起开会或参加晚会或诸如此类的活动，只要留心一望，便看见首长们鱼贯而入或鱼贯而出时，必定按照官阶走动。俗语说的排行榜，恐怕最初指的就是这现象。这就是说，走在最前面的自然是第一把手（“把手”，也是近年兴起来的叫法），接着必定是第二把手，然后第三、第四、第五、第六、第七……把手，一点不乱。进场如此，退场亦需如此，观众一数，便知道哪一位权力最大，哪一位最小。

这样的走动方式，古今中外恐怕都如此，不足为奇。不过以小民观之，实在不利于保安工作，当今世界恐怖分子到处生是生非，排行太过数码化，实在令小民担心的。

三、科级车

既然人以官阶大小排行，则人的衣食住行就不能不以官阶做准则了，比方说，车子自然也有了车子的官阶了。

打开一张报纸，一看，不禁捧腹——报上有一则令人笑掉牙的广告，它证实了我上面所说车子有官阶的“理论”。

广告曰：

一汽隆重推出“科（局）级”专用车

这是继红旗吉星CA7180AE县（团）级用车后，又向下推出的新车型

而且

高档车的品质　中档车的价位

何乐而不买哉！

由此可见吾言之不谬也。

要向读者交代的是，广告词中“一汽”者，“第一汽

车制造厂”的简称，此其一；其二，把科级与局级画上等号，则是大误；下文县＝团级却是准确无误的。

话说当今世界，部长下有局长或司长，司局长下有处长，处长下有科长，怎么会来一个科长等于一个局长？科长看见这个广告，一定喜滋滋的，心里美着呢，老子后面加个括号才是局长，乐煞我也！

话说车子有级别，由来已久。前些年小民不得买车（或者那时小民想买也无钱买），只有机关（机关就是公家机构的泛称）有钱买车。当今一切机关都有级别：你那机关定为部级，那么它的最高首长也必定是部级，其时，你这机关就可以买一部奥迪（Audi），局级机关及其局级首长，对不起，不能买奥迪，人们只能卖给你一部桑塔纳（Santana）。如此类推。仿佛部级屁股只能沾着奥迪座位，沾上桑塔纳会长出坐疮也说不定。

那些年，据说做官的不论部级局级处级休想坐“笨死”（Benz）——尽管把它翻译成“奔驰”，也不成。

读者诸君，请别害怕，现今小民买车不受限制，只要有钱就成，要坐笨死奥迪林肯丰田……悉听尊便，啥都成。

在这一点上，小民是多么的幸福啊，真令官员们羡慕不已。

四、官字两个口

上海新近出版了一部大书，上下两大册，叫做《语海》。语海不是辞海，它汇编古今各地民间话语（不是后现代主义说的话语，指的是俗语、谚语、歇后语、流行语等等），“官”字起头的话语有一百七十三条之多。我约略算一算，只有十几条是中性的，其余条条都对“官”这一种人类没有好感。这反映了几千年来小民心目中的“官”相——这形象现今是否改变了，没有最新的资料可查，且不去论述。

话说在一百七十三条中，有这么五条是讲官字有两口的，煞是有趣。请看：

【官字两张口】［俗语］广东。指官吏的话不可靠，变化无常。

【官字两个口，兵字两只手】［俗语］广东阳春。旧指当官的两个口，左说是理，右说也是理。

【官字两个口，说话有两手】［谚语］壮族。旧指当官的说话前后矛盾，反复无常。

【官字两个口，逢事都有理】［谚语］福建福州。旧指当官的依仗权势，蛮不讲理。

【官字生来两把口，舌头无骨任你拗】［谚语］广东曲江。旧指官吏的话前后矛盾，反复无常。

若问官字怎么会有两个口呢？原来小民看见宝盖下那样的一堆东西，不是很像两个上下重叠在一起的“口”字么？

有趣的是，收集到的五条俗语谚语中有三条采自广东，一条出于福建，一条出于广西。都在南方。中原和北方地区，一条也没有。也许有，却还没有收集到；也许根本没有，自然收集不到。也许这只是偶然，也许不一定偶然——因为南方离开古时帝都远，小民敢于说怪话也说不定。

最后一条富有文学味道。“舌头无骨任你拗！”多么的形象化呀。可见不当官的舌头却是有骨头的。小民的骨头硬呀。

《语海》的条条是按照头一个字排列的，我没有查到经常听到的一则谚语：

不怕官，只怕管。

这句话的“官”指的是高高在上的大官，而“管”则是天天与小民接触的芝麻绿豆。其实小民怕的那个“管”也是官——君不见竹字下半赫然站着一个官吗？

《语海》这些条条，反映的是旧时，多半在释义里加一个“旧指”以此界定时空，就是说，现今不这样了，没有两个口了。至于有一个口或三个口，那就不得而知了。

但愿如诗人所预示的“俱往矣，数风流人物，还看今朝！”

“主义”时代终结了吗?

一、“主义”满天飞的时代

去年年底，某外国教授提出了一个怪有趣的问题：

“主义”时代终结了吗?

战后日本一家出版社每年刊行一部记录语词变化的年报，今年版《现代用语基础知识二〇〇〇》对教授的这个问题似乎很感兴趣，它的《别册附录·世界事典》立刻作出反应，列举了好几个时期流行过和流行着的“主义”，看了这许许多多的“主义”，好像重新经历了这一段历史，一段社会史。

于是我也发掘我的记忆，得到又一些“主义”。两串主义连在一起，仿佛展现出一幅五彩缤纷的时代壁画，请看——

军国主义、社会主义、共产主义、空想社会主义、东欧社会民主主义、人民民主主义、国家主义、国际主义、个人主义、厌世主义、马克思列宁主义、个人民主主义、法西斯主义、和平主义、民主个人主义……

阿拉伯社会主义、铁托主义、教条主义、现代修正主义、社会帝国主义、绝对和平主义、斯大林主义、反革命修正主义、大国主义、沙文主义、大国沙文主义、社会沙文主义、发达资本主义、发达社会主义、伊斯兰原教旨主义、文化保守主义……

主义，主义，数不尽的主义，说不完的主义。
难道我们真的进入“主义”的时代不成？

二、主义最初只是一种学说，一种信仰

现代汉语原来没有“主义”这个语词。到了“五四”前后，很可能是一些知识分子从日本文的汉字词汇借来“主义”这个外来词，而日语“主义”本身也是一个不折不扣的外来词，它显然是从西文里的 -ism 翻译过来的。

据说 -ism 本来是个 suffix——日本话叫做“接尾词”，赵元任先生那一代语言学家称之为“语尾”，解放前开明书店所出的外文文法书，也有径直用“接尾语”一词的。似乎解放后才不用“接尾词”而改用“后缀”来表达这种语言现象。

-ism 这个接尾词加在词根后，表明这是一种学说，同词根的语义相关联的学说，例如 -ism 接在“社会”这个根词的末尾，就成了“社会主义”，接在“资本”末尾则为“资本主义”，由此可以类推出封建主义、帝国主义、军国主义、大国主义、霸权主义。

又可以表明一种信仰，例如犹太复国主义、伊斯兰原教旨主义；或者表明一种政治倾向，例如左倾机会主义、右倾机会主义、左倾冒险主义、右倾投降主义、现代修正主义。

在文学艺术上这个接尾词表示一种流派，例如古典主义、浪漫主义、印象主义、现代主义、未来主义、达达主义、后现代主义。

英语词典学家说，17 世纪末英文的这个接尾词 -ism 居然独立起来，成为一个单词，字典里就为它单独立项，去了那个表示接尾词的短划（-ism 变成 ism）。专家说，单独成词的 ism 不是好东西，多半表达出一种贬义。这叫我想起“五四”时期胡适劝人“少谈一些主义”，这里的“主义”就略带有讥讽的贬义，仿佛说，主义主义这是什么鬼东西：少给我啰唆什么主义！

可是人们还是主义主义地说个不停。自从尊敬的胡适先生的劝说出现到今，已经过去了八十多年，主义不但没有减少，反而有与日俱增的趋势。至少可以说，20 世纪简直是“主义”满天飞的时代。

前年出版的《新牛津》这部英语大词典对这两个语词（一个独立的 ism 和一个接尾词 -ism）的释义，启发我认识到“主义”在政治上是一种“观念”（或“意识形态”，political ideology），在艺术上是一种“倾向”（或“运动”，artistic movement）。此论甚是精辟。可见词典学家对语义和语感确实是观察入微的。

产生那么许多主义，恐怕是近两个世纪的事。政治上，经济上，学术上，艺术上，乃至日常生活里，无处不充斥着主义。

在日常生活中也有主义吗？有的，例如常见的素食主义，奉行素食主义的人们，认为养生之道在于不吃荤，只吃素，只需吃素便能永远健康，长生不老。还有享乐主义，信奉享乐主义的人们慨叹人生之短暂，若不及时行乐，悔之晚矣。他日到阎王爷那里去报到，也乐得身胖气粗，显得人世间也并非全是寒酸的穷鬼。至于五六十年代，鼓励人们发挥“英雄主义”精神。照说这是人类社会的崇高品质，可是动不动就批判“个人英雄主义”，可见此主义与彼主义不同，前者四野飘香，后者臭如狗屎。

主义主义，识别主义何其难也！

而主义又何其多也。真如俗语所谓，不看不知道，一看吓一跳。如果有人编一部《主义词典》，把人世间一切革命文献和反革命文献政论文章论战文章大批判文章以及古往今来一切大字报小字报传单标语口号中使用过的“主义”收罗在一起，其价值之大肯定超过一部当代哲学词典或当代社会学或现象学词典。

人们从主义词典中可以探究出社会思潮的变迁和社会政治的动向。

三、聪明人不把“主义”这个语尾接在自己的名下

距今152年前（本文写作于2000年。——编注）马克思（跟恩格斯一起）在那被称为19世纪的世纪文献《宣言》的开头，使用了一个带着“主义”尾巴的语词——

> 一个幽灵，共产主义的幽灵，在欧洲徘徊。

这一句话震撼了整个世界，而且在过去整整一个世纪中，它，一个幽灵，一种主义，像十二级台风一样，席卷东西南北。这个被称为“主义”的幽灵，教一些人吓破了胆，屁滚尿流，直打哆嗦；却让另外许多人受到鼓舞，奋力去争取自己失去了的人的尊严和生存的权利。

马克思使用过很多带“主义”尾巴的语词，但是他从没有把自己的姓名接上“主义”这个语尾。

马克思是个聪明人。他老老实实写他的《资本论》，写他的哲学论著和史学论著。他建立了自己的学术思想体

系，可是他从不把他的全部学说叫做马克思主义——他不把自己的名字跟“主义”粘在一块。

后来广为流传的“马克思主义”，是列宁封给他的。列宁在十月革命前三年即 1914 年，为一个资产阶级出版社的百科词典写“马克思”词条时，说，马克思的观点和学说就是马克思主义。

列宁把马克思跟“主义”连接在一起，成功地创制了一个新词——马克思主义。

列宁也是聪明人。他也没有把自己的观点和学说叫做列宁主义。列宁主义是他的后继者斯大林封给他的。斯大林出版自己的文集时，把书名定为《列宁主义问题》。

斯大林生前尽管那么专横跋扈杀人如麻，他也没有封自己的观点和学说（如果斯大林还有什么学说的话）为斯大林主义。直到 50 年代他去世前后，才有些专事吹牛拍马的党人，叫过一两声斯大林主义，夹杂在一片乌拉斯大林声中，可没有赢得斯大林的特别欣赏。

看来斯大林也是一个聪明人，虽则他也沾染上一点俗气，战后他欣然接受自己向自己颁发的大元帅勋章，可以用他 30 年代骂人“胜利冲昏了头脑”来表述他自己。

孙中山以俄为师，所以他把自己那一套民族主义民权主义民生主义的学说，合称为“三民主义”，但他没有自称“孙中山主义”或“孙文主义”

可见孙中山也是一个聪明人。

人们不太习惯将“主义”粘在科学家的学说上，可是也有人制造了“达尔文主义”一词，而且颇为流行。达尔文不会把自己的名字挂在“主义”这个尾巴上。

科学家大都是聪明人。达尔文自然也是一个聪明人。

有聪明人就会有蠢人。只有蠢人才喜欢“主义”之类的尾巴。

四、后来“主义”变成了棍子，人就变成“分子”了

主义本来是一种观念，一种信仰，你信你的主义，我信我的主义，不会带来什么灾难。可是一旦主义变成棍子，主义这根棍子挥舞起来，往众人头上砍去，那被主义击中的人，就很有可能成了分子，悲惨的命运就等着他了。

憨直的粗汉子彭德怀，看到了当时“小资产阶级狂热”给人民造成的巨大祸害，在1959年庐山会议上向毛泽东上万言书，他只说了一句狂热，他没有说什么主义，他绝对没有或者说他绝对不敢祭起“主义”这个法宝，他没有或不敢运用主义作为棍子往什么人头上砍去，可是“主义”向他袭来了，一夜之间就变成最大的右倾机会主义分子了。

分明要纠正左倾的狂热病，怎么一下子变成反右倾呢？不过这不是学术讨论，不必深究，况且也不是逻辑学能解决的问题。反正说左就左，说右就右。于是主义飞向全国，据说有三百万大大小小的干部被主义击中了，其中有那么一些就变成“分子”——右倾机会主义分子了。

可见“主义”是一根神秘的万能的棍子。

持续十年的那场“大革命”，最初出现的苗头也不过是几个“主义”；正如发生大地震必有前兆，不过世人很不容易把握到作为前兆的“主义”就是。

话说60年代发动了中苏论争，出现了一个新语词：“现代修正主义”这个主义，现代修正主义，跟从前的非现代的甚至古代的（如果古代也有这个主义的话）修正主义有什么区别，那时说的人听的人和学着说的人，大都不甚了了。不甚了了归不甚了了，这个主义，即现代修正主义——后来简称为修正主义，却在各个领域泛滥成灾，仿佛全中国都被这个主义吞噬了。

“修正主义”成了那个时期最流行的新语词，口头上文字上文件上，随时随地都出现；然而坦率地说，那个时候有多少人知道这个新语词究竟意味着什么呢？

工厂里是修正主义，农村里是修正主义，学校里是修正主义，机关里是修正主义，文艺界里更是修正主义。不好了，大祸临头了，修正主义统治了一切——然而谁也说不清究竟这个主义是个什么样的三头凶龙。

60年代在广大农村进行的名义上叫做“社会主义教

育运动”（又一个很吸引人的主义！），其实骨子里是要“整”那些“走资本主义道路的当权派”。这回用的主义是司空见惯的“资本主义”。

你懂什么是“整”吗？整就是整肃，就是清算，就是清洗，就是清除，“整”这个字眼在语言学上称作委婉语词（euphemism），委婉语词就是把难听的话换成好听的话。大清洗，多么难听，多么吓人，轻轻地“整”那么一整，好听多了，舒服多了。

走资本主义道路的当权派，简称走资派——走资派这一类语词在语言学上叫做 acronym，我把它翻译成压缩语，把长长的一串东西压缩成三个字。

走资派，又简短，又明白，又好上口，念起来好听得很。于是“走资派”从农村开始，走进城市，蔓延到大陆每一个角落，盘踞在黄土地上十几年。

走资派或全称走资本主义道路的当权派这个玩意儿的关键词是什么呢？不是“走”，不是“道路”，不是“当权派”，关键词是“主义”，细说是“资本主义”，这个主义暗藏着另一个主义，那就是修正主义。这个主义使它的主人变成分子，分子本身要是普通人，那已经够糟了，不幸是个当权的人，即有权力的人，哪怕他是一个很小的小组长，权力只限于一个或两个手下，他就如俗语所说：死定了。

农村里的走资派被整得死去活来，可是难道他知道什么叫做走资派吗？他能在资本主义道路上走哪怕一公里吗？他有资本吗？那时正是经过大跃进公社化放卫星大炼钢铁进入虚拟的共产主义天堂之后，穷得连饭也吃不上裤子也穿不上了，哪来的资本？

后来1966年开始在全国范围内展开的“大革命”，它的最终目的就是整那些大大小小的走资派。一时间仿佛走资派都在走，都在走着资本主义道路。仿佛全中国的路都一下子变成资本主义道路。走着走着，直到“大革命”最后一年还宣称：“走资派还在走！”——这是最高指示，既然是最高指示，那就是放之四海而皆准的真理，没得说。

十年“大革命”就贯串着这个主义。什么主义？修正主义，修正主义即机会主义，又是右倾机会主义，其底子就是资本主义，资本主义是我们搞社会主义的敌人，因此修正主义是当前最大的危险。——弯弯绕，弯过来弯过去，资本主义绕成修正主义，修正主义又绕回到资本主义。城里的走资派有文化，不懂也能理解弯弯绕。可怜农村里的走资派，什么主义都说不清，糊里糊涂当上走资派。

幸好十年贯串一个主义——修正主义，没有出现太多其他的主义，省得去查书，而那时认为书都是封资修（哎哟，三个主义：封建主义、资本主义、修正主义！），应该归入“破四旧”之列，查不得。

如果就像“文革”前一年那样，每年抛出一个主义来，那就更加令人心烦了。1965年12月2日，一个文件的批语忽然没头没脑指责某人另搞一套“折衷主义”，知之者知道这是不指名的点名，不知者全然不知葫芦里卖的是什么药，尽管这个主义下加了注，说折衷主义即“机会主义”，这个主义那个主义，还是像玩一场捉迷藏的把戏。幸而后来直来直往，这个折衷主义分子就是当时的总参谋长罗瑞卿。就是“文革”的开场戏“彭罗陆杨反党集团”中的罗瑞卿。又后来，查明根本就没有这样一个反党集团，可是又有谁能说清什么是折衷主义呢?

不指明的点名，只用“主义”来作隐喻，在那个打闷棍的时期还有过一例，那就是后来被称为“四人帮”小爬虫的戚本禹，写了一篇文章，题目是两个主义:《爱国主义还是卖国主义》，其中一个卖国主义是开花炮弹，一轰就把共和国主席打入十八层地狱，连同他的部下，他的支持者，以及非支持者，或说不上支持不支持者，这许多人通通跟着这个主义者进入炼狱了。所以说，“主义”这个东西，有一股神秘的超自然力量。语言学上这叫做语言灵物崇拜。

懂了吧?

五、知识者制作了“主义”，却往往落在主义的陷阱里

知识者制作出种种主义来表述种种观念，种种信仰，种种学说，有时是奉命制作，有时是自己创新；但可悲的是，知识者往往落入主义的陷阱里而不能自拔。

知识者在十月革命前后的俄罗斯制作了许许多多的主

义，人说这里可能是批量生产（而不是微量生产）“主义”的沃土。

想当初列宁这个知识者也喜欢玩弄“主义”。比如他在写作上面提到的词典条目时，短短几段文章就出示了一连串的“主义”：

唯心主义、唯物主义、现代唯物主义、辩证唯物主义、现代科学社会主义、庸俗唯物主义、机械唯物主义、批判主义、休谟主义、黑格尔主义、主观主义、资本主义

还好，那时“主义”还没有变成棍子；或者说，那时“主义”还没有来得及变棍子，因此还不至于将人变成分子。

斯大林时期的知识者奉命制作了一些新的主义，却不知不觉地落入自己制作的主义陷阱里。

且不说政治的陷阱。就说学术和艺术吧，好好的主义，摇身一变就成了棍子，这棍子竟向自己打来。惨呀！

二次大战后对知识者大张挞伐，祭起的法宝是两个主义。

一个是“形式主义”，还有一个是“世界主义”。

什么是形式主义？这要找日丹诺夫才说得清，不过他虽经常挥舞着形式主义的大棍子，动不动就向哲学家、文学家、音乐家、雕塑家、诗人的头上砍去，其实他也说不

清什么是形式主义，特别是作为棍子的形式主义。

形式主义是万能法宝。绕过现实，而不敢正视它，这固然是形式主义；投身现实，大胆暴露现实的善与恶，这也是形式主义；不合时宜，唱一点阳春白雪，这又是形式主义；太合时宜，跟着主旋律跳舞，奉承得太露骨，太过形式主义了；幽默讽刺无疑是不折不扣的形式主义，呆头呆脑不会奉迎吹捧，也是形式主义。

只有千篇一律，同声叫喊乌拉乌拉，这才不是形式主义；只有以某一个人的大脑为自己的大脑，才不是形式主义。

乌拉斯大林！乌拉乌拉！“伟大领袖比天高呀那个比天高”——作曲作词者如是歌唱。这就是30年代避免落入形式主义陷阱的良方妙药。

于是有良知的知识者去了古拉格，失掉灵魂的知识者则充斥市场。

至于“世界主义”摆布的陷阱，捕捉的猎物更多些，威力显得更大些。

“世界主义”一词，许多现代西方语言都由三个语素组成：cosmo（世界）+politan（公民）+ism（主义）。除了最后一个语素外，均源出希腊文。大约古老的希腊文明人自作多情，幻想有那么一日，会出现天下一家的局面，那时候，每一个人都成了世界公民，用时下的讲话方式来描述，就是世界级的公民，不是有所谓世界级的学者、世界级的球星、世界级的歌星吗？不知道40年代的俄罗斯意识形态专家是否像我一样推理，也许他们不推理，只是从cosmopolitanism这个字里嗅到一股不合时宜的味道。怎么，你竟然说无线电是意大利人马可尼发明的？分明是俄罗斯人波波夫发明的嘛！你崇洋媚外，没有好下场。本来天下万物都是我们的民族精英发明的嘛，你却去宣扬外国文化，简直是数典忘祖！怎么，控制论，你说什么cybernetics？荒唐，这劳什子是什么东西？我们就从来没有过这东西，美国人维纳搞的什么控制论，其实是为帝国主义服务的伪科学。你说什么遗传学，什么摩根，什么魏兹曼，通通都是胡说八道，我们的李森科早已证明他们都是科学界的大骗子。你提倡世界语？Esperanto是犹太人发明的反共工具，是地道的世界主义的代表作。……

凡此种种，一言以蔽之，就是万恶不赦的世界主义。世界主义是我们建设社会主义共产主义的死敌。哎哟哟，老子天下第一！乌拉斯大林！乌拉苏维埃！“我思故我在”，世界万物都归于我。一时间世界主义的黑雾笼罩大地，真正的知识者纷纷落马，不，落入主义的陷阱里。

五十年后的今天，回头一望，仿佛看了一场闹剧，令人怀疑这一切的一切都是该死的“主义”在作祟。

六、“主义”时代终结了吗?

回到最初那位教授提出的问题：“主义”时代终结了吗？

没有。没有终结。因为有人，就有观念，就有信仰，就有学说。于是就有主义。也许新的世纪来临，世人变得聪明些，不再把主义变成棍子，不让主义设置陷阱，也就没有人被迫变成分子，那就大吉大利，百无禁忌了。

乌拉主义！

拍马屁和马屁精

一、马屁精

20 世纪最大的马屁精是谁？

凡 60 年代至 70 年代在中国大陆生活过的人，不假思索就可回答：林彪是也！

光看那个时期拍的新闻片，也就不难看出这个右手高举红宝书，口中念念有词，亦步亦趋地紧跟伟大领袖，那副奉迎谄媚的猥琐相，便可理解什么叫做马屁精。

拍马不是旧小说里拍马迎战的拍马，而是俗称拍马屁的那种比之旧日上海滩的小瘪三还下流的痞子状。盖马屁

者马屁股也。成天抚爱马屁股，岂非不堪入目者乎？！

精于此道者称作马屁精。所以说，当代最大的马屁精，林彪当之无愧也。

可是话又得说回来。世有坐轿者，然后有抬轿者；反之亦然：有抬轿者然后有坐轿者。仿此，有爱受人拍者，才有拍马者，或曰，世有拍马者，然后有喜欢人家拍马者。按逻辑推理，拍马者与被拍者两者必定相得益彰。

近日报载日本东京开了一间“奉承屋”，我想最好把它迻译为“拍马屁专卖店”——据说谁想得到人家“奉承”，走进这家专卖店，每分钟只付100日元（还不到1美元），便可享受一分钟的拍马屁！据说此屋生意兴隆，连中学生也有去享受拍马的。由是可以证明善于拍马屁和喜欢人家拍马屁，实在是人的本性云云。

二、多么难听的语词呀

哎哟，我在说些什么呢？

“屁”呀“屁股”呀这类字眼平常是说不出口的，尤其雅士淑女们不但不说，而且不喜欢听。真是多么难听的字眼呀！但是对这种现象又不能不说，也不能不听，所以后来人们把“拍马屁”里多么难听的“屁”字去掉，大家都只说“拍马”——好听多了，没有那个说不出口的字眼了。

有了马，才有马屁股：有了马屁股，才有拍马屁股者；有了精于此道者，才产生出“马屁精”一词。

现象—概念—语词。这就是语词产生的公式。

三、不堪入目的杜斯芬醚

尊敬的淑女们！尊敬的雅士们！

请闭上你们的眼睛！

因为下面我要说的全是杜斯芬醚。这都是一些不堪入目的东西。比如“屁”呀“屁股”呀等等。

这些东西叫做“杜斯芬醚”，原来是从希腊文译过来的，希腊语“杜斯”意即“坏的”，“芬醚”意即“话语”，英语转写作 dysphemis。汉语可以写作“粗野语词”或“粗鄙语词”，跟语言学中的 euphemism（委婉语词）相对应。近来报上出现了所谓“痞子语言”，不知是否与此有点相类似。

这种语词听了不舒服，写出来看了有点别扭，有时还觉得不好意思。因此听不得，看不得，常常要换个好听的说法，即委婉语词。——可那溢出本文的范围，暂且表过不提。

四、物质三态，人间两态

少年时学格致之学，知道物质三态之说。老师举例说，水烧到一百度就汽化，由液体变成气体；冷到零度时结冰，液体变成固体。是谓三态。

后来长大了，才知道人间只有两态，而不是三态——俗语说，“世态炎凉”，炎凉只两态：你阔了，人家吹捧你，似乎亲热得不得了，这是“炎”；你倒霉的时候，人家就对你冷若冰霜，这就是“凉”。

但是，人体排出来的废物还是三态。

气态者称为屁，液态者则为尿，固态者却是屎。

屎—尿—屁，三字俱从“尸”。天下间的文字多矣，如汉语那样把排泄物的三态表现得如此形象化的，恐难找到另外一家了。固态从尸从米，米为固体无疑，尿从尸从水，水当然是液态；屁是气态，我们的祖先想不出什么气体（他们那时还没有创造出例如氧、氢、氮、氩之类的气类字），只好从比，谐音也。

五、傻女婿的故事

从前有个绅士，三个女儿都出嫁了，头两个嫁给读书人，惟有第三个女婿却是庄稼汉。一日，绅士举行家宴，三对小夫妻都回家畅叙。丈人要三个女婿即景赋诗，而且设定种种条件，比如诗中必须包藏三个起笔相同的字，三个边旁相同的字——须知自古以来我们的读书人都惯于做这种文字游戏。那两个读书人自然摇头摆脑之乎者也，不消一刹那便吟出超过李杜的佳句，得到丈人的激赏，三女婿本来斗大的字认不得几个，可也不甘落后，随口吟诵道：

三字同头屎尿屁
三字同边鸡鸭鹅

丈人跟两个读书人板着脸孔，十分不悦，怎么吟出这等杜斯芬醚呀。只有丈母娘听得明白，不像先前两个读书人所吟充满典故听不懂，所以格外喜欢。

三女婿这位庄稼汉不慌不忙，吟诵出下一联：

食了鸡鸭鹅
同放屎尿屁

这一下砸了锅，大庭广众前面，怎能如此放肆，竟然两次让这些不堪入耳的东西污染空气！

故事结尾有两派说法。一派说，老汉大怒，连同两个读书人把三女婿赶出门，那小女儿也只好哭哭啼啼地跟着跑了。另外一派说，丈人跟丈母娘一商量，觉得还是这首诗最切合实际，因为今天的鸡鸭鹅全是三女婿送来的，顿时信服古人云读书读得越多越蠢的至理名言，于是连哄带逼，挟持着两个读书人齐声赞赏，并且作出诚心诚意向庄稼汉学习接受再教育的模样云云。

后来呢？后来我就不知道了。

六、屎尿屁能入诗文吗？

屎尿屁这些“粗鄙语词”能登大雅之堂吗？能入诗文吗？

曰：能！

首先得举出伟大作家鲁迅。他留下有名的句子：

杀的杀掉了，死的死掉了。还发什么屁电报呢！

这还是杂感文章，到 1965 年秋天，在反修冲浪中，伟人毛泽东写的一首绝妙好词《念奴娇·鸟儿问答》下阕云：

借问君去何方？雀儿答道：有仙山琼阁。

不见前年秋月朗，订了三家条约。

还有吃的，土豆烧熟了，再加牛肉。

不须放屁，试看天地翻覆。

记得什么“大革命”时期，有作曲家还据此谱了曲。“不须放屁”！大家都唱得津津有味——放屁二字是否用自然主义手法唱出例如忽降八度，示排气之状，我就记不清楚了。

但凡伟大的艺术家，对遣词造句必有突破性的新创造，如果机械地规范化，到头来只能是凡夫俗子，不成其为伟大。

可见屎尿屁能入诗——老丈人不去嘲笑傻女婿，是多么明智的举动呀。

艺术史也可证明这一点。

传说贝多芬一个弟子，将自己的练习曲送给老师评阅，贝多芬指出其中某个和弦不合规则，弟子答曰：您的某某作品也是这样用的。贝多芬说得干脆利落：

“我可以，你不可以。”

事见罗曼·罗兰的著作，不是我杜撰的。

七、科学家不忌讳屁

吴大猷一生淡泊，全部精力奉献给科学，可以说得上是一个伟大的科学家。据说这位科学家游览名胜古迹时发现到处都有游人用笔用刀写下“某某到此一游”，愤而写了一首“歪诗”，诗云：

如此放大屁，
为何墙不倒。
这面也有屁，
把墙顶住了。

科学家把“某某到此一游”喻之为放屁，妙绝！因而报上有人提出，不如在名胜古迹的某处修建一堵墙，名之曰“屁墙”，让所有过往骚人雅士都留下他的大屁，岂不两全其美？或如现今所谓，岂不“双赢”哉？

八、三字经和四字经

我们都是凡人，让我们回到小民的世界吧。

我小时候，听大人说绝对不许说“三字经”，那时指的是粤语世界里的杜斯芬醚，小民称为“粗口”是也，粗口者粗话也，不可在大庭广众中说出来的语词是也。

那个经常挂在大人嘴边的“三字经”就是“diu-na-ma”，即北方话说的“国骂”（“他妈的”）是也。对不起，我又写出不堪入目的字眼了，绅士淑女诸君，请不要再往下看吧。

三字经不离口，这就是我小时候粤语的语境，如今社会文明了，三字经不知消亡了没有。

无独有偶。粤语世界有三字经，英语世界则有四字经。四字经即由四个字母组成的单字之谓也，英语叫做four-letter word，据说都是见不得人的字眼，特别是有关身体某些部分（不言自明的那些部分）以及有关风化的行为和动作的语词，当然也包括我上面说过的屎尿屁之类。

不知是巧合呢还是上帝有意安排，英语世界里这些字眼都是由四个字母组成的，例如屎尿屁三字分别为shit，piss，fart，恰巧都是四个字母拼成。这都是骂人的字眼，牛津字典系列中一本供学生用的小字典，给这些单字加上一个符号，指明这是不许用的，恰如我小时候大人告诫我不许说“三字经”一样。

64年前（1936）有一个叫做帕特里治（E. Partridge）的学人编了一本俚语词典，竟然收入了一个四字经“fuck”，在文明社会里引发一场大纷扰，不但这个字见不得世面，连这部字典也见不得人了，比之劳伦斯的什么夫人的情人的遭遇，有过之而无不及。足见四字经之可怕可憎可恨——后来有聪明人发明了to make love（做爱）一词，人们却不以为耻。

语言的奥秘，由此可见一斑。分明是排出液态废料，谁都不好意思直说出来，比方几个男女朋友在一起，某人要排液了，他不说“我撒尿去”——屎尿屁怎么能说得出口呢？——他说“我去洗手间”，女士觉得“洗手”也太直，她说“我去打个电话”（分明她刚才用手机打过电话，怎么现在要出去打电话呢？），甚至嫌这个也有点露骨，干脆说“我去去就来”。

杜斯芬醚之可怕，竟至于此！

九、放屁狗

我读中学的时候，教我们逻辑学的颜老师给我们讲过一节“字序”——形式逻辑好像没有论证字序的，但是他讲了。他说，比如“放”“狗”“屁”三个字，有三种排列方法：

狗放屁

放狗屁

放屁狗

他说，第一个句子“狗放屁”，没有什么稀奇，这不过是一种生理现象，这是很平常很平常的事情，根本不必理会它。第二个句子是骂人的话，奚落对手所言全像放狗屁——人放人屁还好，人居然放起狗屁来，可见此人根本就不是人！他说，第三句也是骂人的话，而且是最恶毒的骂人话。骂对手是一条狗，已经够奚落的了，而这条狗什么都不会，只会放屁！

在汉语里，字序是很重要的，不过颜老师用这三个例子要讽刺什么现象，我们那时年轻，全无感觉，只是哄堂大笑。直到现在，我还是不太清楚，也许世间果真有专门放屁的狗么？放屁狗在何处？不知道。

我不是人

一、词典证明我不是人

我不是人！

论证这个最简单的命题太容易了，只须查查词典就行。

权威的《现代汉语词典》对“人”下的定义是：

能制造工具并使用工具的高等动物。

我能制造工具吗？不能。我能使用工具吗？几乎可以说不。最平常最简单的交通工具，比如自行车，我就不会使用，甭提汽车或飞机了。

由此可知，基本上我不是人。

至于我是高等动物还是低等动物，就不必深究了。

但是50年代初，辞书还不能十分肯定我不是人。例如1953年的《新华字典》（初版本）给“人”下的定义只有上引文字的一半：

能使用工具生产的最高等动物。

似乎不必会制造工具，只须能使用工具去生产的动物就是人。

按此，我能使用例如纸笔之类的工具去进行写作，如果这算作生产，那么，论证我是人，多半还可以有一线生机。

但是四年之后（1957），这部小字典经过“猴子变人”的深入学习，这定义就深化了，此时，人成了：

能制造工具并使用工具进行劳动的动物。

加了一个条件：能制造工具；加了一个限语：不是一般地使用工具，而是使用工具去劳动（而不是生产）；而且只是“动物”而不必是“高等动物”或“最高等动物”。

值得咬文嚼字的读者注意的是，这条释文开始“引进”现在进行时的文法结构，即不简单地说“生产”或“劳动”，而说“进行生产”或“进行劳动”——我们现在无论口头语还是书面语经常说“进行交谈”“进行演讲”“进行会见”——终会有一天，我们会说：

“我进行吃饭了”，或“我要进行告辞了”。

这且不去说它。可知在《现代汉语词典》正式问世之前，我这个高等或低等动物很容易就被证明不是人了。呜呼！

二、我有时是人有时不是人

《新华字典》到现在销行了不下3亿册。根据这部权威小字典的销售史来考究一下我是不是人，确实是颇有兴趣的。

1953年，能使用工具的动物就是人——我那时勉强可以说是人。

1957年，不只能使用还得会制造工具的动物才是人——我多半已不是人了。

十四年后（1971）——人们记得，整个中国大陆的书摊上，除了红宝书和八个样板戏之外，书这个玩意儿销声匿迹了，连这部小小的字典也不能上市了。然后有周恩来出来干预，才有《新华字典》修订版。

修订版贯彻了阶级斗争年年讲月月讲天天讲的最高指示，“人”字项下写道：

> 能制造工具并使用工具进行劳动的动物。人是由类人猿进化而成的。在阶级社会中每一个人都属于一定的阶级。

尽管加了阶级属性，我还是被证明不是人。

我不是人，那还有什么阶级属性呢？

此时，从理论上说，我虽然生活在社会里，但我不属于哪一个阶级，因为我不是人。我只是一种动物。难道随便哪一种动物都有阶级属性吗？

1976年，霹雳一声“四人帮”被消灭了，然后拨乱反正。

1979年版的《新华字典》中“人”的定义没有改变，只是把阶级属性那条尾巴割掉，回到人间了。

然而“类人猿”却变成“古类人猿”，直到最新版本（1998年修订版和中英文对照版）都沿用“古类人猿”一说。

我知道我不是人，但我又发现我的祖先不是由类人猿而是由古类人猿变的。

可惜我没有研习过生物学和古生物学，不知“类人猿”跟“古类人猿”是不是同一种动物，但是祖宗是什么都改变不了我不是人的命运。

三、我顿时想考博士生

经过这样的历史论证，我顿时想考博士生。

我拟定的论文题目是：

《当代世界人口众多传统文明辉煌的政治实体中若干颇具影响的语文词典的政治化与非政治化盛衰过程的历史唯物主义与辩证唯物主义的初步探索与研究》。

不瞒各位尊敬的读者，我考博士生的主旨是想论证我是人——不过我若果去报名，肯定是不被接受的，因为我本想拟定一个由 65 个单字组成的博士论文题目吓倒我的博导（博士生导师的简称也），谁知弄巧成拙，这个充满唯物主义精神的最最朴实的题目，曲高和寡，任何博导看见都吓了一跳，绝对不会收录我这个高等动物的。

完了，前途黯淡了！

四、也许我小时候曾经是人

20 世纪 30 年代以前出版的辞书，却没有论证我不是人。仿佛我从前曾经是人。

老《辞源》（1915）说：

人是“动物之最灵者”。

我这个东西是动物，似乎没有什么疑义，至于我这个东西是否最灵的动物，可不知道。但是无论如何，这个定义没有能论证我不是人。

老《辞海》（1936）在“人”项下跟老《辞源》一样，一个字也不少，可是它接着引用了《说文》的释文：

人，天地之性最贵者也。

这样做算不算抄袭，我不知道；我只知道它没有判定我不是人。

所以我说，我小时候曾经是人；至少没有自我判断不是人。

可是，一旦学习了“猴子变人”的学说，我就身不由己，变成非人——或者如语言学大师赵元任的说法：我变成“不人”。

五、学习“猴子变人”

50年代初，解放了的中国，为了论证社会主义是人类群体发展的必由之路，我们都在学习社会发展史，人们戏称之为学习“猴子变人”。

猴子变人是戏称，不是科学论证，论证源出资产阶级的人类学——哎哟，我不自觉地使用了阶级性的术语。不过无产阶级的导师之一恩格斯，也写过一篇很有说服力的论文，叫做《劳动在从猿到人转变过程中的作用》。

文章确实说到远古时代的一种类人猿如何变成人。他说得很谨慎，他论证是劳动促使类人猿变成人，他说：

> 它（劳动）是整个人类生活的第一个基本条件，而且达到这样的程度，以致我们在某种意义上不得不说，劳动创造了人本身。

“猴子变人”应当是一整套过程，包括手的使用、直立行走、劳动、生产、语言、思维、制造工具、使用工具，等等等等。

那时，50 年代初，人们还不怎么熟悉这套过程，于是产生了新辞书把创造“人”的过程简单化了——以至于我得出我不是人的惶惑。

我说简单化了，不是一句空话。

那时“一面倒”，万事看苏联，可是——

苏维埃时期的词典——以著名的四卷本乌沙可夫俄语大词典为例，却没有“进行”简单化。

这部词典的第四卷于 1940 年问世，第 1247 页“人”（chelovek）字的定义，除了“在劳动过程中能制造工具和使用工具”的要素外，指明“人”具有与其他动物不同的特征，即有思想和语言。

人是有思想的动物，人是能说话（语言）的动物。

为什么五十年前我们的先行者把思想和语言的特征抽去了呢？不解。难道那时的人们竟以为没有思想也能是人吗？

难道人可以没有思想吗？

其实古人说，人为万物之灵——就是说，人必须有思想，如果没有思想，怎能灵呢？

西方的哲人也有同样的观念。“人的全部尊严在于思想。”

西方的词典编纂家对“人”字下的定义也离不开思想。英国如此，法国如此，美国也如此。

回到刚才提出的问题：人难道是没有思想的高等动物吗？

我不是人，所以我没有思想。

我没有思想，所以我不是人。

可能有三种情况导致我没有思想：

其一，先天的脑髓不发达，或后天的老年痴呆症；

其二，把灵魂卖给魔鬼，自然连思想也随着灵魂被魔鬼拉走了。

其三即最后，把灵魂献给神，自觉地放弃了独立的思想，成了字典上的某种不完全的制造和使用工具进行生产的工具。

六、原来我是牛鬼蛇神！

我不是人，那么，我究竟是什么？

到 1966 年，真相大白。那一年 6 月 1 日，一份权威报纸的社论，擂响战鼓，挥舞大棍——

横扫一切牛鬼蛇神！

一下子我就明白过来，我不是人，原来是牛鬼蛇神！

我的周围也立刻就领会，我属于牛鬼蛇神那一族。

不只理论上证明我不是人，现实生活也活生生地证明我不是人。

那年 8 月某日，我有幸以牛鬼蛇神的姿态，陪同我的前辈夏公（夏衍）在北京的一个很小的仅仅容纳七八千人的体育馆，登台演出牛鬼蛇神的闹剧。

如今低头一想，我从未与电影沾边，也不搞话剧，文学领域也不过擦边而过，却居然有幸跟夏公同台表演，实在是人生最大的幸福。

话说当日天朗气清，在八千人的鼓噪声中，说时迟，那时快，一忽间三只牛鬼蛇神被押上来了。

只见夏公居中，左边是司徒慧敏——电影界的牛鬼蛇神，右边赫然是我——我是界外牛鬼蛇神，可我是幸运的牛鬼蛇神，因为我显得最神气：这得感谢我的一位可敬的部下，他那位灵巧的夫人，牺牲了睡眠，连夜给我赶制了一顶一米高的帽子。感谢这位夫人，我戴着这么一顶高帽子，悠然自得，多少灭了造反派的威风——因为一米高的高帽子使我不能弯腰低头，只能昂首挺立，神气活现。

我折服了。我不只在辞书里被论证不是人，而在实际社会生活中也被界定为不是人。

那个时候，或者具体地说，那十年，在造反派“革命群众”心目中，我不是人。在我，失去了或者说被剥夺了人的尊严，既然人的尊严丧失殆尽，只能兽性复归，我成了能吃饭能被强迫劳动能挨斗能戴着一米高的高帽子游街的最最低等动物了。

七、找回我自己

后来呢？后来我躲进语词密林，经风雨见世面之后，终于找回我自己。不论权威辞书怎么说，我又变成人了。

我此刻是一个人。我此刻还原为一个有独立思想的人。

我马上就要走出语词密林，回到人间去了。人间固然不是乐土，可是我在那里会找回我自己的独立人格和自由思想。我爱人间。

亲爱的朋友们，我不想再在密林里经受风吹雨打，我要走出密林，“安度晚年”了。

古拜麦迪亚，艾洛符幽！

后　记

80年代我初次走进语词密林，几年间共觅得小草二百零一株，1990年写成文字辑印成册，取名《在语词的密林里》。倏忽之间过去了十年有余，世事沧桑，人间冷暖，友朋一个一个悄悄地走了，而我还活着，时感孤独寂寞，甚至呼吸不畅。于是重返密林去练一阵瑜伽，调节性情。前后三年，抱得栎木十棵归来，化为文字共得十题六十七则；随手在远近岩穴内外寻得图形残片多件，嵌在栎木文中，煞是好玩，别无深意。昨日忽有手持大刀的彪形大汉闯进我的小屋，厉声吆喝：你好大的胆子，人们在造林，你竟敢伐木！哐啷一声，刀起头落，我大叫一声，“死了死了”——原来是隔壁装修房子，电锯一响，惊醒我做的白日梦！

2000年4月20日深夜记